READ & PRACTICE IN FRENCH

Susanna Longo
Régine Boutégège

LA FUGUE DE BACH

INTERMEDIATE

National Textbook Company
a division of *NTC Publishing Group* • Lincolnwood, Illinois USA

This edition first published in 1995 by National Textbook Company,
a division of NTC Publishing Group, 4255 West Touhy Avenue,
Lincolnwood (Chicago), Illinois 60646-1975 U.S.A.
© 1994 Cideb Editrice.
All rights reserved. No part of this book may be reproduced, stored
in a retrieval system, or transmitted in any form or by any means,
electronic, mechanical, photocopying, recording or otherwise,
without the prior written permission of NTC Publishing Group.
Manufactured in the United States of America.

4 5 6 7 8 9 0 VP 9 8 7 6 5 4 3 2 1

Sommaire

Chapitre 1	Une étoile est née	5	
	ACTIVITÉS	9	
Chapitre 2	Et maintenant c'est l'enfer!	17	
	ACTIVITÉS	21	
Chapitre 3	Coup de théâtre en prison	28	
	ACTIVITÉS	34	
Chapitre 4	La mystérieuse Bugatti rouge	42	
	ACTIVITÉS	45	
Chapitre 5	L'étrange obsession de la fugue de Bach	52	
	ACTIVITÉS	56	
Chapitre 6	Rien ne va plus!	64	
	ACTIVITÉS	68	
Chapitre 7	Une voie sans issue	76	
	ACTIVITÉS	79	
Chapitre 8	Les affaires se corsent	87	
	ACTIVITÉS	92	
Chapitre 9	Julienne, dit-elle la vérité?	99	
	ACTIVITÉS	103	
Chapitre 10	La vérité éclate	110	
	ACTIVITÉS	115	

Solutions des jeux et tests   122

Ce symbole indique le début des exercices d'écoute.

Chapitre 1
Une étoile est née

GENÈVE est triste en automne. Des barques[1] abandonnées flottent sur le lac désert alors que le ciel plombé pèse inlassablement sur les ruelles de la vieille ville. Le vent se lève petit à petit, balayant par endroits les feuilles mortes. L'été semble loin, loin de tout, loin de cette ville. Julienne redresse la tête, elle aperçoit des pigeons qui cherchent un abri. Une rafale[2] s'engouffre dans sa longue robe de soirée. Elle frissonne[3], elle met son châle sur ses épaules.

Pourtant, la tristesse du spectacle qui s'offre à ses yeux n'a sur elle aucun pouvoir; elle sait qu'elle est heureuse, qu'elle a réussi et que son rêve s'est enfin réalisé. Ses longs cheveux noirs

---

1. **une barque** : un petit bateau.
2. **une rafale** : un coup de vent.
3. **elle frissonne** : elle tremble parce qu'elle a froid.

La fugue de Bach

flottent comme un voile autour de son visage radieux, alors que ses yeux agrandis par le bonheur jettent de vives étincelles. Elle voudrait communiquer son enchantement au monde entier. Au monde entier, et à Boris, désormais son partenaire dans la vie et sur la scène.

La veille, elle a obtenu un immense succès. Une émotion intense, explosive lui a donné l'impression qu'elle se trouvait au septième ciel. L'escalade a été dure, la fatigue souvent intolérable, mais le résultat a racheté[1] tous les efforts, toutes les souffrances qu'elle a dû subir... c'était hier...

Dans la salle, quand on avait annoncé que la grande Irène Pavlovich ne pourrait pas danser, le parterre silencieux avait boudé[2] l'entrée de Julienne, des rumeurs impatientes s'étaient même manifestées. Derrière le lourd rideau, dans les coulisses, le cœur de la danseuse étoile battait fort, très fort, les chaussons[3] qu'elle ajustait à ses pieds pesaient une tonne. Des images se précipitaient, elle devait se concentrer, retrouver dans sa tête et dans son corps les pas de danse.

"Je n'y arriverai jamais, je vais m'évanouir..."

Indifférente aux bruits, aux cris et aux rires des autres danseurs, elle épiait[4] avec inquiétude derrière le rideau. Par moments pourtant, elle prenait conscience de la chance qui avait enfin décidé de lui sourire. La mystérieuse disparition d'Irène avait été providentielle !

Quelques minutes avant de monter sur scène, un admirateur lui a manifesté sa sympathie, le seul d'ailleurs ! Il lui a envoyé un bouquet de roses rouges et une cassette d'une fugue de Bach

---

1. **racheté** : compensé.
2. **avait boudé** : avait montré du mécontentement.
3. **les chaussons** : chaussures souples de danse.
4. **épiait** : elle observait secrètement, attentivement.

La fugue de Bach

envoûtante [1]. Toutes les autres ballerines, qui comme elle avaient appris le rôle de la danseuse étoile, l'ont jalousée; elles lui lançaient des regards sévères, espérant, sans aucun doute, qu'elle se tordrait la cheville ou qu'elle tomberait malade. Mais Julienne était radieuse, elle n'avait jamais été aussi belle, aussi surprenante!

Quand elle est apparue sur scène, le public a été touché par sa grâce, par sa fraîcheur, par sa jeunesse. Elle dansait comme dans un rêve et son corps semblait voler dans les airs. Boris, son partenaire n'avait jamais vu autant de charme, autant d'élan, autant d'envol [2]. Le public, lentement, abandonnait toute réticence, l'enthousiasme le gagnait et l'ovation qu'il a réservée à Julienne a été sans aucun doute la plus chaleureuse qu'il ait jamais donnée à une danseuse étoile.

Julienne, maintenant, ne veut plus penser aux médisances [3], aux mesquineries [4] de ses malheureuses rivales, elle veut uniquement prendre conscience de cet immense bonheur qui l'a envahie. Tout à coup, elle entend la fugue de Bach, oui celle qu'on lui a envoyée. Elle se dirige vers une petite chapelle d'où provient cette musique qui lui a porté chance. Mais elle sent deux mains puissantes la retenir.

"Mlle Julienne Von Bretch, je vous prie de n'opposer aucune résistance, je suis le commissaire Morand, et je vous demanderais de me suivre bien gentiment...

— Mais, qu'est-ce que vous me voulez?

— Mlle Von Bretch, vous êtes soupçonnée d'avoir assassiné Irène Pavlovich..."

1. **envoûtante** : captivante, ensorcelante.
2. **l'envol** : action de prendre son vol, de s'envoler.
3. **des médisances** : des discours malveillants.
4. **une mesquinerie** : Une bassesse, ou un manque de générosité.

A C T I V I T É S

En route les baladeurs *

Écoutez attentivement l'enregistrement et corrigez si nécessaire.

 Venise est triste en automne. Des bateaux abandonnés flottent sur le fleuve désert alors que le ciel plombé pèse lourdement sur les ruelles de la vieille ville. Le vent se lève petit à petit, balayant par endroits les fleurs mortes. L'été semble long, loin de tout, loin de cette ville. Julienne redresse la tête, elle aperçoit des pigeons qui trouvent un abri. Une rafale s'engouffre dans sa longue robe de chambre. Elle frisonne, elle met son châle sur ses épaules. Pourtant, la misère du spectacle qui s'offre à ses yeux n'a sur elle aucun poids; elle sait qu'elle est heureuse, qu'elle a réussi et que son rêve s'est enfin réalisé. Ses longs cheveux noirs flottent comme une toile autour de son visage radieux, alors que ses yeux agrandis par le malheur jettent de vives étincelles. Elle voudrait communiquer son enchantement au monde entier. Au monde entier, et à Boris, désormais son partenaire dans la vie et sur la scène.

Entre les lignes

Vous venez d'écrire le résumé du premier épisode à l'ordinateur; mais un virus a effacé une partie du texte. Reconstituez les parties manquantes.

1. La scène se déroule à .... à côté du ....
2. Il fait .... parce que c'est ....
3. Julienne est une ...., elle est heureuse parce qu'elle ....
4. La veille, Julienne a pu .... à la place d'une autre danseuse plus célèbre qu'elle : ....
5. Au début, le public n'était pas très .... puis, il ....
6. Derrière les rideaux, Julienne était ....
7. Elle a reçu un mystérieux présent de la part d'un de ses admirateurs : ....
8. Sur scène, elle est ....
9. Les autres danseuses qui connaissent le rôle sont ....
10. Julienne est arrêtée parce qu'on l'accuse d'avoir ....

* **un baladeur** : un walkman.

A C T I V I T É S

S.O.S. grammaire

Les verbes du premier groupe avec particularités orthographiques.

1 Retrouvez dans le texte tous les verbes du premier groupe ayant des particularités orthographiques, puis classez-les selon leurs caractéristiques :

- A   verbes qui en se conjuguant prennent un accent grave sur le "e" placé devant le **-er** de l'infinitif (ex : *mener*. Je m**è**ne, tu m**è**nes...)
- B   verbes ayant déjà un accent aigu sur le "e" placé devant le **er** de l'infinitif (ex : *agréer*)
- C   verbes qui se terminent par **-cer** (ex : *menacer*)
- D   verbes qui se terminent par **-oyer** (ex : *nettoyer*) et verbes qui se terminent par **-ayer**
- E   le verbe aller
- F   verbes qui ne sont pas irréguliers mais qui ont un imparfait et un subjonctif un peu insolites, puisqu'à la première et à la deuxième personne du pluriel il y a deux "i" (ex : *remercier* - imparfait : nous remerciions, vous remerciiez)

A	
B	
C	
D	
E	
F	

A C T I V I T É S

2 Complétez le texte suivant avec les verbes que vous avez trouvés au temps qu'il convient :

1. Demain, la femme de ménage .... le bureau de ton patron, elle ne devra pas oublier de vider les cendriers.
2. Les nouvelles que les journalistes .... hier n'étaient certainement pas bonnes.
3. Pour .... ces fruits, il y a la balance qui se trouve à côté de la caisse.
4. Pierre, ... -moi une baguette de pain, quand tu passeras devant la boulangerie!
5. Cet athlète a battu le record du monde, il .... son poids à 9 m 40.
6. Si tu .... le trouver dans ton bureau, tu vas être déçue! C'est Marc qui l'a emmené chez lui.
7. Nous .... ces ordures dans une poubelle, s'il y en a une, comme ce n'est pas le cas, nous les .... par terre!
8. Je vous .... ci-joint la facture du 14.02.93.
9. Marc, arrête de .... comme ça! je vais devenir sourde.
10. Si le vent ne .... pas ...., nous aurions pu traverser le lac à la nage.
11. Je me souviens que lorsque j'étais enfant, nous .... tous les soirs avant de nous coucher car nous observions attentivement ce que disait M. le Curé.

ACTIVITÉS

3 Les temps du récit. Apprenez à manipuler les temps pour donner du relief au récit. Cochez les réponses correctes.
Attention, pour certaines questions, il peut y avoir plusieurs réponses.

1. Dans cet épisode à quel temps sont les verbes?

    au présent ☐
    au futur ☐
    au passé ☐

2. L'auteur du récit a utilisé le présent

    au début du récit ☐
    au milieu du récit ☐
    à la fin du récit ☐

3. Il a utilisé le passé

    au début du récit ☐
    au milieu du récit ☐
    à la fin du récit ☐

4. Il a utilisé le temps passé pour raconter un épisode

    qui est une anticipation au récit ☐
    qui est imaginaire ☐
    qui s'est déjà déroulé ☐

5. Cette technique s'appelle un flash-back qui signifie

    un retour en arrière ☐
    un bond en avant ☐
    une ellipse ☐

6. L'auteur a choisi le flash-back pour

    donner au récit un ordre chronologique ☐
    donner au récit l'apparence d'un rêve ☐
    expliquer pourquoi Julienne est heureuse ☐

7. L'auteur a choisi le présent pour

    donner au récit une idée d'éternité ☐
    actualiser le passé ☐
    mieux impliquer le lecteur ☐

A C T I V I T É S

Des mots toujours des mots

1 Retrouvez dans ce premier chapitre tous les mots qui appartiennent au champ lexical de la danse et du spectacle puis complétez le texte suivant.

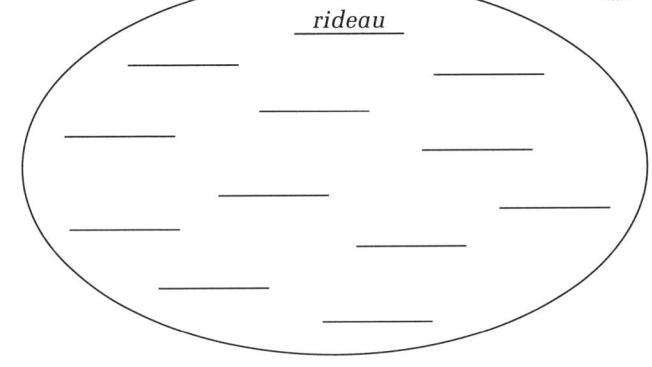

Le .... se lève, on entend la .... de Stravinsky. Le .... est silencieux. Les .... apparaissent. Les spectateurs regardent le début du spectacle, ils sont enthousiastes. Sur ...., des corps, splendides, volent dans l'espace. Ils expriment avec passion leurs sentiments. Le .... est de plus en plus étonné, il entre dans le jeu du metteur en scène. Derrière le ...., dans les .... Maurice Béjart surveille les .... de ses danseurs, il calcule mentalement les distances. Puis, c'est l'explosion finale avec un grand cri de joie. Le .... applaudit avec ...., il réserve au célèbre chorégraphe une .... sans précédent. Encore une fois, Maurice Béjart a prouvé qu'il peut libérer le mouvement et que la .... est pour lui une véritable ....

ACTIVITÉS

Charades

2 Voilà une série de charades : attention, certains mots sont en fait uniquement des homophones. Les mots à deviner se trouvent tous dans le texte du premier chapitre.

Mon premier est la première lettre de l'alphabet
On s'assied sur mon deuxième, dans un parc ils sont publics
Mon troisième est le contraire de prendre
Mon tout signifie délaisser ou bien quitter

A + banc + donner = abandonner

On cultive mon premier dans des rizières
Mon second est la première note de musique
Mon tout se trouve au théâtre, on le lève quand le spectacle commence

riz + do = rideau

1. Mon premier se trouve à une extrémité
   Les trains arrivent à mon deuxième
   On offre mon tout surtout aux femmes

2. On se sert de mon premier pour couper une planche en bois
   Mon second n'est pas rapide
   Mon troisième est le pluriel de ciel
   Mon tout n'est pas bruyant

3. Mon premier est le contraire de sur
   Mon second n'est pas menteur
   Mon troisième est un adjectif démonstratif
   Mon tout n'est pas facile à supporter

4. Mon premier n'est pas froid
   Si on pince les cordes d'une guitare on émet mon deuxième
   Une danseuse met mon tout à ses pieds pour danser

5. Mon premier s'attrape surtout à l'école
   On fait mon deuxième avec les yeux
   On dit que vouloir c'est mon tout.

A C T I V I T É S

Ne vous croisez pas les bras pour les mots croisés

3 Un petit exercice pour vous mettre en forme : tous les verbes utilisés se trouvent dans le texte et il s'agit de verbes du premier groupe.

HORIZONTAL

1 C'est ce qu'il ne faut pas faire par le trou de la serrure.
2 C'est dur de le faire tous les matins pour aller à l'école, ici, il n'est pas réfléchi.
3 Pour le faire, on a besoin d'un balai.
4 Si l'on veut comprendre ce que tout le monde dit, il ne faut pas le faire tous en même temps.
5 C'est le contraire de perdre espoir.
6 Ce n'est pas toujours le synonyme de jeter.

VERTICAL

A Pour le faire, on a besoin d'argent.
B C'est un synonyme d'expédier.
 – Quand on a des fruits gâtés, il ne faut pas toujours le faire, si on veut de la confiture.
C On peut aller à l'église pour le faire, mais on peut aussi le faire chez soi.

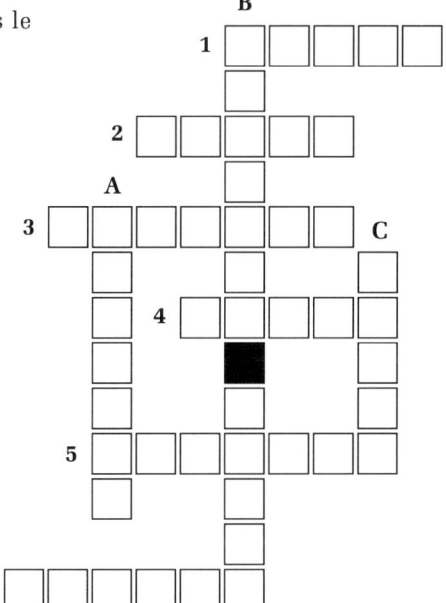

15

A C T I V I T É S

À vos plumes, prêts, partez!

1 Le chapitre que vous venez de lire utilise la technique du flash-back. Ici, l'auteur situe son action dans le présent, puis un mot fait resurgir un événement passé concernant l'héroïne. Reprenez cette technique avec les données suivantes :

- Pierre se trouve à Genève sur le bord du Lac Léman.
- Il fait gris et froid.
- Il est triste.
- Il entend la sirène d'un bateau, il se souvient...
- Il évoque son bonheur passé.
- Quelque chose le ramène à la réalité.

Racontez. Utilisez le plus possible les mots de vocabulaire présents dans ce premier chapitre. Bon travail!

2 Julienne est-elle coupable, selon vous?
- Si elle est coupable, racontez comment elle a tué Irène Pavlovich, n'oubliez pas de situer votre action dans un espace donné et à un moment précis de la journée. Est-ce que cet acte était prémédité? Ou bien l'a-t-elle tuée pendant une dispute?
Racontez.
- Si elle n'est pas coupable, trouvez-lui un alibi.

Chapitre 2
Et maintenant c'est l'enfer!

LE CORPS d'Irène a été retrouvé dans la soirée par un de ses amis. Les ruelles de Genève ne sont plus qu'un rêve pour Julienne. Elle ne réussit pas à comprendre ce qui est en train de lui arriver, elle était si près du but, si près... et maintenant!

Il fait froid au commissariat, on l'a interrogée pendant toute une journée, et dans le fond de la pièce, un bruit énervant résonne sans arrêt. C'est comme si tout était contre elle : la police, les gouttes d'eau du robinet qui tombent sans relâche [1]. Elle se sent si fatiguée. Elle a connu le paradis et maintenant c'est l'enfer! Tout cela pour Irène! une voleuse qui lui a tout pris: les applaudissements du public, ses amours, oui ses amours...

---

1. **sans relâche** : sans arrêt, continuellement.

Et maintenant c'est l'enfer!

D'abord Irène s'était mise à rire quand elle avait découvert que Julienne sortait avec Boris, puis elle a tout fait pour le séduire, pour que Julienne ne puisse pas obtenir ce qu'elle, la grande Irène, ne possédait pas. Dans le fond, si elle est morte, elle n'a que ce qu'elle mérite. Tout Genève connaissait leurs disputes continuelles, leur jalousie réciproque, et, quand Irène était devenue la première danseuse de la troupe, Julienne n'avait pu réprimer sa rage, sa déception [1], elle devait prendre sa revanche.

Elle attend son avocat. Elle refuse de parler malgré les injonctions [2] du commissaire qui la regarde sans complaisance. Elle se mure [3] dans un silence total. Elle ne dit rien.

"Vous aggravez votre cas!" crie Morand en colère.

Le temps ne passe plus, le vent s'infiltre partout, et elle a froid, elle ne peut même plus jouir de l'incroyable expérience dont elle a été protagoniste. Elle n'arrive plus à entendre les "bis" de la foule, les "bravos" des spectateurs. Dans sa tête, la fugue de Bach résonne encore, comme cela lui est arrivé devant la chapelle sur les bords du lac. Absente, les yeux dans le vide.

Morand ne la supporte plus; lui aussi, il aimerait se coucher et dormir, mais son sens du devoir est plus fort que lui, plus fort que tout.

L'horloge scande [4] les minutes : "tic-tac, tic-tac", le robinet lui aussi s'y met! Et cette Julienne qui a une parfaite tête de coupable, qui ne se défend même pas. "Je veux parler à mon

---

1. **sa déception** : sentiment d'une personne trompée dans ses espérances.
2. **les injonctions** : les ordres.
3. **se mure** : reste obstinément silencieuse.
4. **scande** : marque bruyamment chaque minute.

La fugue de Bach

avocat" réplique-t-elle toujours. Son air imperturbable l'agace [1]!
En plus, il a faim; la nuit, s'il ne dort pas, il a toujours envie
de manger, de grignoter[2].

"Drin, drin...
– Allô, oui, c'est le commissaire Morand à l'appareil.
Comment! ça, c'est une nouvelle! Je te remercie Dussolier, oui
c'est ça, tu peux aller dormir et je crois que nous en ferons
autant. Salut, à demain! Ah! au fait, tu m'amènes ton rapport
signé au bureau dans les premières heures de la matinée,
ok!..."

"Et bien, Mlle Von Bretch, que dites-vous de cela? Il paraît
qu'on a retrouvé des cheveux sous les ongles de la morte,
identiques aux vôtres. Je crois qu'il faut tout nous dire! Avec
ou sans votre avocat...

– Drin, drin, drin...
– Allô, ici le commissaire Morand, allô qui est à
l'appareil... allô... qui est là, bon Dieu!..."

De l'autre côté du fil, une musique, une inquiétante
musique, une fugue de Bach...

1. **l'agace** : l'énerve, le met en colère.
2. **grignoter** : manger quelque chose en le mangeant petit à petit ou par petites parcelles.

A C T I V I T É S

En route les baladeurs

Écoutez plusieurs fois l'enregistrement et complétez :

"Drin, drin...
– ...., oui, c'est le commissaire .... à l'appareil. Comment! ...., c'est .... nouvelle! Je te .... Dussolier, oui c'est ça, Salut, ...! Ah! au fait, tu m'amènes ton rapport signé au bureau dans les .... heures de la matinée, ok!..."
"Et bien, Mlle Von Bretch, que dites-vous de cela? Il paraît qu'on a retrouvé des .... sous les .... de la morte, identiques aux vôtres. Je crois qu'il faut tout nous dire! Avec ou sans votre avocat ....
– Drin, drin, drin...
– Allô, ici le .... Morand, allô qui est à l'appareil... allô... qui est là, bon Dieu!..."
De l'autre côté du fil, une musique, une inquiétante musique, une fugue de Bach...

Entre les lignes

L'inspecteur Roland téléphone à son patron, le commissaire Morand. Il lui pose des questions sur la nouvelle affaire qu'il est en train de suivre. Répondez à la place du commissaire.

– Allô, commissaire, Roland à l'appareil. Qui avez-vous mis en garde à vue pour l'affaire Pavlovich?
– ....
– Ah! et elle a confessé?
– ....
– Elle ne veut pas parler? et pourquoi?
– ....
– Elle peut toujours attendre, il faut 24 heures pour que ça soit possible!
– ....
– Ah, j'allais oublier, vous avez des preuves contre elle?
– ....
– Elle réagit comment?
– ....
– Alors, ça doit être gai! et vous? vous n'êtes pas trop fatigué?
– ....

S.O.S. grammaire

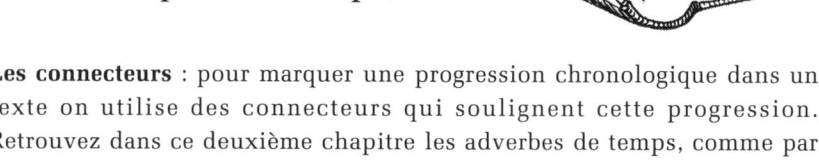

Comment exprimer le temps?

Les connecteurs : pour marquer une progression chronologique dans un texte on utilise des connecteurs qui soulignent cette progression. Retrouvez dans ce deuxième chapitre les adverbes de temps, comme par exemple :

Maintenant - d'abord - ensuite - puis - enfin

1 Construisez des phrases s'inspirant du récit avec les adverbes de temps. Il doit y avoir une progression chronologique dans l'action.

> ex : *La veille de son arrestation Julienne était heureuse. Pour la première fois, elle a remplacé la danseuse étoile et elle a remporté un incroyable succès. Mais maintenant, elle se trouve au commissariat, elle a froid...* **à vous de continuer!**

Depuis – Il y a – Pendant

Rappel :

Depuis indique le début d'une action qui continue dans le temps :

> *Julienne habite Genève depuis cinq ans.*
> *Elle habite toujours Genève et son installation à Genève s'est faite il y a cinq ans.*

Il y a indique une action qui s'est produite dans le passé et qui ne dure pas dans le temps :

> *Il y a cinq ans, Julienne est venue s'installer à Genève.*
> *L'action (venir s'installer) ne dure pas.*

Pendant indique une action limitée dans le temps qui a une durée déterminée :

> *Pendant cinq heures, Julienne a été interrogée par le commissaire.*
> *Même si l'action dure cinq heures, elle est seulement limitée à cinq heures, cela peut être une matinée, un après-midi etc...*

A C T I V I T É S

2 Complétez les phrases suivantes avec les expressions de temps qui conviennent :

1. Le commissaire a très faim parce qu'il n'a pas mangé .... trois heures.
2. Julienne a été interrogée .... toute la matinée.
3. .... trois ans, Julienne est tombée amoureuse de Boris.
4. .... que Julienne sort avec Boris, Irène est très jalouse.
5. Julienne a été fiancée avec Boris .... un an.
6. Le robinet a coulé .... toute la journée.
7. .... le temps de la conversation téléphonique, Julienne a espéré que c'était son avocat à l'appareil.
8. Irène est morte .... deux jours.
9. Le rapport a été rédigé par Dussolier et il est sur le bureau de Morand .... huit heures.
10. .... deux heures, le commissaire est arrivé à son bureau en criant victoire.

Les conjonctions de subordination indiquant le temps

◆ Pour marquer la simultanéité, on utilise :

quand, lorsque, pendant que, chaque fois que, comme, etc.
+ l'indicatif

Quand Julienne a fréquenté Boris, Irène s'est mise à rire...

◆ Si l'action de la principale précède celle de la subordonnée, on doit utiliser :

avant que + le subjonctif

Avant qu'Irène découvre la relation entre Julienne et Boris, elle n'éprouvait aucun sentiment envers le danseur.

◆ Si l'action de la principale suit celle de la subordonnée, on utilise :

après que, depuis que + l'indicatif

Après qu'Irène a découvert la relation entre Julienne et Boris, elle s'est mise en tête de séduire le danseur.

A C T I V I T É S

3 Complétez le texte suivant en utilisant : avant, après ou pendant.

.... qu'on entendait la fugue de Bach, le commissaire Morand se leva tout à coup. Il ne parvenait pas à croire l'histoire que Julienne lui avait racontée, surtout .... qu'il ait su qu'on avait trouvé des preuves contre elle. Mais .... qu'une conclusion hâtive vienne gâcher son enquête, il décida de tout contrôler. Alors, ... que son collègue cherchait de son côté, il écrivit un rapport détaillé pour lui permettre de considérer tous les détails. .... qu'il eut terminé, les choses pour lui étaient très claires. Et .... qu'il réfléchissait, un autre coup de fil le surprit. .... qu'il eut compris qu'il s'agissait de nouveau de la fugue de Bach, il se mit à crier : "Allô, qui est à l'appareil?!!" Et .... qu'il reçoive une réponse, l'interlocuteur avait déjà raccroché. C'était inadmissible! Le pauvre commissaire était complètement débordé par les événements.

Des mots toujours des mots

1 Voici des mots, trouvez les verbes appartenant au même champ sémantique :

| voleuse - applaudissement - dispute - déception - amour - danseuse |

Puis construisez des phrases en vous inspirant de l'histoire "La fugue de Bach".

Rêve - rêver
Hélas, Julienne qui était maintenant en prison ne pouvait plus rêver à l'incroyable aventure qu'elle avait vécue la veille.

Maintenant, à vous de jouer!

Un petit test pour découvrir qui vous êtes :

1
Qu'est-ce qui vous énerve le plus?
- [a] le bruit d'un robinet qui coule
- [b] un bébé qui pleure
- [c] votre mère qui se met en colère parce que vous lui avez encore désobéi
- [d] être pris dans un embouteillage

2
Qu'est-ce qui vous fatigue le plus?
- [a] un devoir en classe
- [b] ranger votre chambre
- [c] faire le ménage à fond
- [d] un cours d'aérobique

3
Qu'est-ce qui vous rend le plus heureux (se)?
- [a] sortir avec votre petit copain (petite copine)
- [b] aller au concert
- [c] avoir de très bons amis
- [d] manger une bonne glace au chocolat ou si vous n'aimez pas la glace tout ce que vous aimez le plus, du bifteck saignant au bon gâteau plein de crème!!!

4
Qu'est-ce qui éveille en vous le plus de curiosité?
- [a] un feuilleton de Beautiful ou de Beverly Hills
- [b] la lecture d'un roman
- [c] regarder à la télé une émission scientifique
- [d] un jeu vidéo

5
Qu'est-ce qui vous mettrait le plus en colère?
- [a] savoir que votre petit copain ou petite copine sort avec un ou une autre
- [b] assister à une injustice
- [c] voir un bouton sur votre joli visage
- [d] devoir passer à votre meilleur ami les résultats des exercices de maths parce qu'il est sorti en boîte au lieu de rester à la maison pour les faire

6
Qu'est-ce qui vous étonnerait le plus?
- [a] voir le prof de français arriver habillé en bleu, blanc, rouge comme le drapeau français
- [b] avoir votre diplôme de fin d'études
- [c] savoir conduire
- [d] savoir que tous les pays du monde sont enfin prêts à se donner la main

ACTIVITÉS

À vos plumes, prêts, partez!

1 Établissez des fiches sur lesquelles vous inscrirez le nom des suspects ainsi que toutes les preuves accumulées contre eux :

> Julienne Von Bretch
>
> **sexe** : *féminin*
> **âge** : ?
> **profession** : *danseuse*
> **adresse** :
> **mobiles pour éliminer Irène** :
>
> **preuves contre le personnage** :

Vous continuerez à remplir ces fiches au cours de votre lecture.

Devenez écrivain

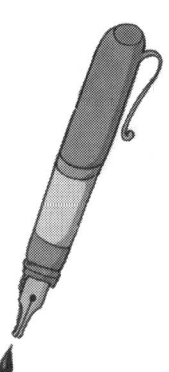

2 Situez l'action de ce chapitre dans un cadre spatio/temporel.
Trouvez tous les éléments qui se rapportent au moment où cette action se déroule, puis tous les éléments qui se rapportent au lieu où celle-ci se déroule.

ACTIVITÉS

MOMENT	
moment de la journée	
moment de l'année	
durée de l'action	

Si vous ne trouvez pas de réponses précises dans votre texte, vous pouvez souligner tout ce qui a un rapport avec les éléments mis en évidence.

LIEU	
ville : situation géographique en Europe, caractéristiques soulignées dans le texte etc...	
lieu où se déroule l'interrogatoire : indications sur la description de ce lieu : température, confort (ou manque de confort)	

ACTION	
Rythme de l'action : est-elle rapide? est-elle lente? par quoi ce rythme est-il souligné?	

- Résumez l'action en une seule phrase.
- La technique du flash-back (expliquée dans le chapitre précédent) est-elle présente? à propos de quoi?

Chapitre 3
Coup de théâtre en prison

Qu'est-ce que c'est que cette plaisanterie!" crie le commissaire, "Mais enfin, qui est à l'appareil? Villard, Villard, vous vous dépêchez! localisez-moi [1] cet appel, plus vite que ça!!!! comment c'est impossible! vous vous moquez de moi, ma parole!! Ah zut! on a coupé."

Julienne est rêveuse dans son coin, elle regarde le commissaire s'agiter comme un forcené [2] et elle le trouve ridicule. D'ailleurs, tout est absurde, le fait qu'elle soit là, dans ce commissariat pourri [3], elle ne désire qu'une seule chose :

---

1. **localisez-moi** : trouvez d'où vient l'appel.
2. **un forcené** : un fou, une personne qui n'est pas mentalement normale.
3. **pourri** : ici, sale, dégoûtant, généralement se dit d'un fruit qui n'est pas bon.

dormir. Le commissaire aussi semble visiblement fatigué de toute cette nuit d'interrogatoire. Il demande à l'inspecteur Villard d'emmener la danseuse dans sa cellule. De toute façon, comme elle refuse de parler, il faut attendre son avocat, car maintenant, il n'y a plus de doute : c'est bien elle qui a tué Irène Pavlovich. La nuit lui portera conseil et elle se décidera à parler.

Le matin suivant, vers dix heures environ, Maître Schneider, l'avocat de Julienne Von Bretch se présente au commissariat. C'est un homme élégant d'une quarantaine d'années. Son visage porte les marques d'une vie intense et pleine de passions. À Genève, sa réputation est solide, il n'a jamais perdu un seul de ses procès et le barreau le craint [1] car ses plaidoiries ne manquent pas de coups de théâtre. Il finit toujours par obtenir ce qu'il veut. Il a connu Julienne dans l'un de ces festivals de danse que seule Genève sait offrir. Il l'a remarquée parmi tout le corps de ballet [2], si belle, si émouvante car ses longs cheveux flottaient comme l'eau noire d'un torrent. Coup de foudre, peut-être! il ne s'est jamais manifesté [3] par pudeur ou par vanité puisqu'il la savait amoureuse d'un autre homme. Mais,

> **Maître ALBERT SCHNEIDER**
> *Avocat à la cour*
>
> Chemin du lac
> 1211 GENÈVE
> Tél. (022) 6533977

---

1. **il le craint** : il a peur de lui.
2. **le corps de ballet** : la troupe de danseurs.
3. **il ne s'est jamais manifesté** : il n'a jamais fait connaître ses sentiments.

quand au cours d'un spectacle, il est allé la voir dans sa loge, il lui a laissé sa carte et il lui a assuré qu'il serait à son entière disposition en cas de besoin. Plus tard, il l'a invitée plusieurs fois au concert parce que l'une de ses passions est justement la musique classique et l'orgue en particulier. Durant des heures, il a attentivement étudié le dossier de Julienne. Certes, la preuve qu'on vient de trouver complique la situation : car, comment expliquer la présence de ses cheveux sous les ongles de la morte? Mais ce qui l'inquiète surtout, c'est le sort [1] qui sera réservé à la carrière de la jeune danseuse : elle ne peut sortir de cette impasse [2] sans compromettre sa réputation. En effet, même si on la déclare innocente, le doute continuera à planer[3]; de plus, le milieu du spectacle est très superstitieux et si on décrète que quelqu'un porte malheur, cette personne ne pourra jamais plus remettre les pieds sur scène.

On annonce finalement à Julienne la visite de son avocat. Quand elle le voit, elle se sent soulagée. Enfin un regard bienveillant, des yeux moins hostiles!

Dans la cellule de garde à vue, ils passent deux heures entières à parler à voix basse. Le commissaire Morand, intrigué, essaie en vain de capter quelques mots à travers la porte fermée. Il entend des "ils ne me croiront jamais... C'est pour votre bien, pensez à votre carrière... Il y en a des tas sur Genève, au moins une centaine, si vous donnez des détails, vous serez plus crédible, vous verrez tout marchera..."

1. **le sort** : ce qui sera réservé à Julienne.
2. **une impasse** : une voie sans issue.
3. **planer** : dominer.

Coup de théâtre en prison

Plus le temps passe, moins Morand supporte les simagrées [1] de cette Von Bretch; de toute façon, pour lui, il n'y a pas l'ombre d'un doute : elle est nécessairement coupable, il n'y a pas à chercher plus loin.

"Commissaire Morand, ma cliente voudrait faire une déclaration". La voix de l'avocat, puissante et décidée interrompt les réflexions du commissaire.

"D'accord, je suis tout ouïe [2]!"

"Voilà", commence faiblement Julienne, "c'est vrai, le soir avant le spectacle, je suis allée trouver Irène chez elle, nous nous sommes disputées au sujet de Boris. Nous nous sommes même battues et dans la lutte, elle a dû m'arracher quelques cheveux. Quand je suis partie, elle était encore vivante, nous nous sommes réconciliées, d'ailleurs elle attendait quelqu'un..."

– Savez-vous de qui il s'agissait?

– Non, je ne pourrais pas vous le dire, mais c'était sûrement un homme car elle était maquillée et habillée avec beaucoup de soin.

– Vous l'avez vu arriver?

– Non mais j'ai vu sa voiture, c'est une Bugatti rouge, vous savez, une de ces voitures de collection.

– Nous n'avons pas trouvé d'autres empreintes [3] que les vôtres et celles de la victime dans l'appartement d'Irène Pavlovich, comment expliquez-vous cela?

– Peut-être que le meurtrier portait des gants...

---

1. **les simagrées** : comportement affecté.
2. **je suis tout ouïe** : j'écoute attentivement.
3. **les empreintes** : les marques laissées par les doigts.

Coup de théâtre en prison

– Ou peut-être, chère demoiselle, que vous mentez, vous avez inventé toute cette histoire abracadabrante [1] de réconciliation, de Bugatti rouge...

– Je vous dis la vérité, même si je détestais Irène, je ne l'aurais jamais tuée...

– Oh, vous savez, c'est ce que disent tous les coupables [2]..."

1. **abracadabrante** : qui ne tient pas debout, incroyable.
2. **les coupables** : les personnes que ont commis un crime.

A C T I V I T É S

En route les baladeurs

Écoutez attentivement l'enregistrement et choisissez la bonne solution entre parenthèses.

Le matin suivant, vers (*cinq heures – six heures – dix heures*) environ, Maître Schneider, l'avocat de Julienne Von Bretch (*se rend – va – se présente*) au commissariat. C'est un homme (*élégant – prudent – méchant*) d'une (*trentaine – quarantaine – vingtaine*) d'années. Son visage porte les marques d'une vie (*dense – intense – immense*) et pleine de passions. À Genève, sa réputation est (*connue – solide – insolite*), il n'a jamais perdu un seul de ses (*procès – procédés – processus*) et le barreau le craint car ses (*plaidoiries – discours – monologues*) ne manquent pas de coups de théâtre. Il finit toujours par obtenir ce qu'il (*peut – veut – choisit*). Il a connu Julienne dans l'un de ces festivals de danse que seule Genève sait offrir.

Entre les lignes

Le commissaire Morand donne une conférence de presse à propos du meurtre de la grande danseuse, Irène Pavlovich. Les journalistes lui posent de nombreuses questions. Répondez à la place du commissaire.

– Bonjour M. le commissaire, je suis Fred Burt du *Times*, avez-vous de nouvelles preuves contre Mlle Von Bretch?
– ....

– Je représente *Il Corriere della Sera*, qui est l'avocat de Mlle Von Bretch?
– ....

ACTIVITÉS

- On dit que cet avocat est le meilleur du barreau ? Est-ce que cela signifie qu'elle est coupable ?
- ....
- Marc Lavoine du *Monde*. Mlle Von Bretch avait-elle des rapports avec M. Schneider, son avocat, avant cette affaire ?
- ....
- Je représente *Le Figaro* et je m'appelle Hubert De la Brienne. Mlle Von Bretch a déjà eu une entrevue avec son avocat ?
- ....
- Savez-vous comment s'est déroulé leur entretien ?
- ....
- C'est toujours Fred Burt du *Times*, avez-vous une déclaration à nous faire ?
- ....
- Et maintenant, je vous prie de m'excuser : je rappelle que Mlle Von Bretch n'est encore qu'en garde à vue. Probablement, avec les nouveaux éléments que nous possédons, M. Le Juge pourra signifier son arrestation. Pour l'instant, nous n'en sommes pas là. Je n'ai plus aucune déclaration à faire, notre entretien est clos.
- (Tous les journalistes) : Mais, commissaire et votre opinion ? Commissaire que dites-vous ...
- Messieurs, mon devoir m'appelle.

    (Le commissaire Morand se lève et part.)

ACTIVITÉS

S.O.S. grammaire

Le "SI" hypothétique

Phrase principale	SI	subordonnée + indicatif
futur	**si**	**présent**
cette personne ne pourra plus danser	*si*	*on pense qu'elle porte malheur*
conditionnel présent	**si**	**imparfait**
le commissaire serait content	*si*	*Julienne était coupable*
conditionnel passé	**si**	**plus-que-parfait**
Julienne n'aurait pas été accusée	*si*	*elle n'avait pas détesté Irène*

Relevez dans ce chapitre tous les "SI" hypothétiques

1 Complétez les phrases suivantes en respectant le sens du texte; attention à la concordance des temps!

1. Si Julienne n'avait pas voulu prendre la place d'Irène, elle …
2. Maître Schneider n'aurait pas aidé Julienne si …
3. Si Maître Schneider n'aimait pas la musique classique, il …
4. Si Maître Schneider ne sait pas que Julienne est amoureuse d'un autre, il …
5. Julienne pourra se reposer si …
6. Si on n'avait pas trouvé une preuve aussi accablante, Julienne …
7. Si Julienne donnait plus de détails dans la description de la voiture, le commissaire …
8. Julienne n'aurait pas fait de déclaration si …

A C T I V I T É S

2 Quel sort sera réservé à Julienne?
Faites des suggestions et répondez-y en soulignant leurs difficultés.

Suggestion : *dire la vérité*   **Réponse :** *ne pas croire*
Et si Julienne disait la vérité, personne ne la croirait.

1. s'évader   très difficile
   ....
2. être plus gentille   avoir aucun effet
   ....
3. dormir   ne rien résoudre
   ....
4. payer   accuser de corruption
   ....
5. séduire l'inspecteur   perdre la crédibilité
   ....
6. faire semblant de tomber malade   traiter de menteuse
   ....

Des mots toujours des mots

1 Dans ce chapitre, il y a beaucoup de mots qui se rapportent au champ lexical de la justice.
Trouvez ce que signifie...

1. *la garde à vue :*
   a. c'est la détention préventive avant d'être inculpé
   b. c'est la visière d'une casquette
   c. c'est la position qu'un soldat prend quand il voit passer un officier
2. *le barreau :*
   a. c'est la prison
   b. c'est l'ordre des avocats
   c. c'est un titre nobiliaire

ACTIVITÉS

3. *une plaidoirie :*
   a. c'est un réquisitoire
   b. c'est le discours final que prononce l'avocat de la défense en faveur de son client
   c. c'est la liste des preuves

4. *un dossier :*
   a. ce sont tous les documents qui concernent une affaire
   b. c'est un crime
   c. c'est le dos de l'avocat

5. *un mobile :*
   a. c'est une partie de l'ameublement
   b. c'est quelque chose qui bouge toujours
   c. c'est un motif

6. *un coupable :*
   a. c'est une personne qui a commis un crime ou un délit
   b. c'est une personne qui a été tuée
   c. c'est une personne qui ne sait rien

2 N'oubliez pas de continuer à faire des fiches sur toutes les personnes qui peuvent vous sembler suspectes. Soulignez les indices que l'auteur nous donne de temps en temps.
À vous de jouer, cette fois... je ne peux plus vous aider!!!

---

sexe :

âge :

profession :

adresse :

mobiles pour éliminer Irène :

preuves contre le personnage :

---

sexe :

âge :

profession :

adresse :

mobiles pour éliminer Irène :

preuves contre le personnage :

A C T I V I T É S

3 Ne croisons pas les bras pour les mots croisés

VERTICAL

1. Le commissaire Morand en a un très difficile à résoudre – Adjectif possessif féminin deuxième personne du singulier.
2. Oiseau échassier d'Afrique ou bien Dieu Égyptien.
3. Julienne pense que le commissaire l'est assez, cela signifie aussi un peu bête.
4. C'est ainsi que se termine un participe passé d'un verbe du premier groupe s'il est accordé au féminin singulier.
5. C'est le prénom de la jeune danseuse qui a été assassinée.
6. C'est le nom d'un grand savant qui a parlé de la relativité.
7. Deuxième note de musique dans la gamme. Abréviation de l'adverbe avant.
8. Préposition de lieu, on l'utilise devant les noms de pays féminins – Au cours du tour de France, il y en a beaucoup et certaines sont très difficiles, ici il est singulier.

HORIZONTAL

A. Celle du commissaire Morand peut devenir très brillante s'il réussit à résoudre cette affaire de meurtre.
B. Contraire de tout.
C. Personne atteint du sida.
D. C'est tout ce que l'on possède.
E. Quand on en a un sur le visage, on fait des grimaces – La France en est un.
F. C'est une abréviation de Suzanne à l'américaine – Prénom féminin qui ressemble à celui de la première femme.
G. Troisième note de musique.
H. Préposition de lieu ou préposition que l'on utilise devant un gérondif – Qui n'est pas du tout habillée.

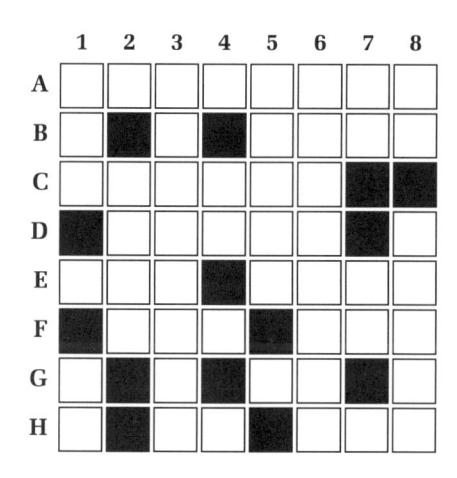

A C T I V I T É S

À vos plumes, prêts, partez!

**Et si Julienne disait la vérité!
Selon vous qui est le conducteur de la Bugatti rouge?**

- C'est quelqu'un qu'elle connaît et qui n'a pas voulu qu'elle le voie. Il s'est donc caché dans sa voiture quand elle est arrivée, il a attendu qu'elle s'en aille et... Racontez!
- C'est quelqu'un qu'elle ne connaît pas. Imaginez quel genre de rapport il avait avec Irène et pourquoi il l'aurait tuée. Racontez.

N'oubliez pas d'utiliser le "SI" hypothétique!!

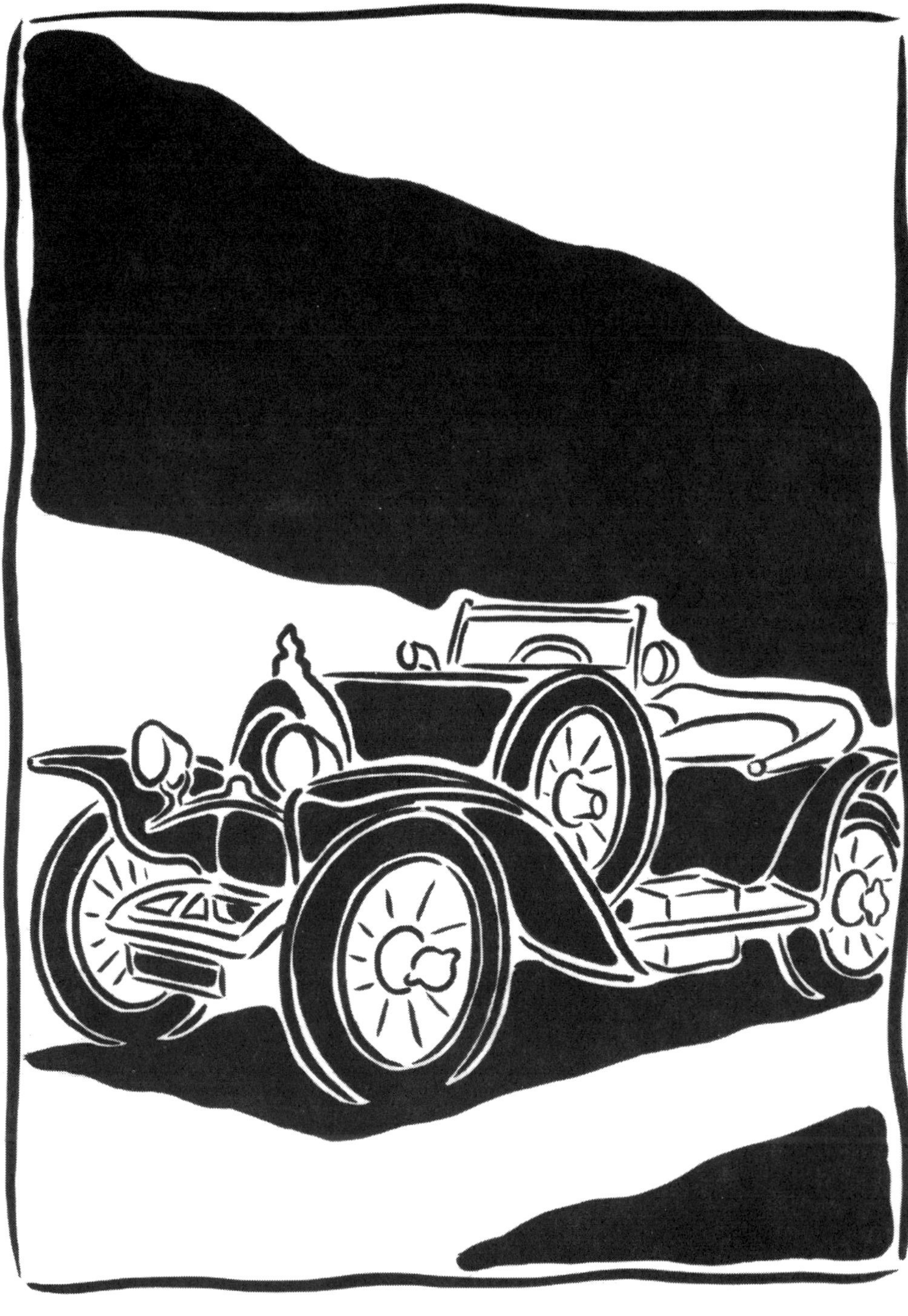

Chapitre 4
La mystérieuse Bugatti rouge

Durant la deuxième nuit après son arrestation, Julienne ne réussit toujours pas à dormir, ses pensées, toutes concentrées sur les terribles événements de la veille, ne lui laissent pas une seule seconde de répit [1]. Si elle doit rester en prison toute sa vie et si elle ne peut plus danser, elle en mourra. C'est là l'unique certitude qu'elle possède. Les mots que son avocat lui a dits pour la consoler ne lui sont d'aucun réconfort. Elle ne croit pas que tout puisse se résoudre comme il le pense. À chaque instant, elle revoit tout ce qui s'est passé : "C'est trop bête, juste au moment où j'étais sur le point de tout gagner!"

Julienne n'est pas la seule à connaître une nuit d'angoisse [2],

---

1. **une seconde de répit** : une seconde de tranquillité.
2. **une nuit d'angoisse** : une nuit d'inquiétude profonde.

La mystérieuse Bugatti rouge

même le commissaire Morand, certain de tenir la coupable et surpris qu'une enquête se termine aussi vite, dort très mal. Tout à coup, il est réveillé vers trois heures du matin par un coup de téléphone; et au bout du fil, une musique exaspérante : la fugue de Bach. Il se lève immédiatement, cherchant désespérément d'où proviennent ces notes insidieuses [1]. Qui a l'audace de déranger son repos? Qui lui joue un aussi mauvais tour [2]? mal réveillé, mal dispos, il se rend au commissariat vers environ huit heures, l'inspecteur Villard le regarde avec surprise :

"Qui vous a tiré du lit à une heure si matinale...?

– Il y a quelque chose qui me chiffonne...

– Ah bon! et quoi? vous n'êtes pas content, vous avez votre coupable, elle n'a aucun alibi, elle a même confessé qu'elle était sur le lieu du crime, elle avait un mobile pour la tuer. Alors que cherchez-vous de plus? C'est simple comme bonjour!

– Justement, Villard, c'est trop simple... trop stupide, il y a trop d'indices, trop de preuves... trop de tout... Mais enfin, que vient faire cette satanée musique que j'entends à tout bout de champ [3]?

– Oh! là, là! commissaire, je crois que vous réfléchissez trop, c'est sûrement un mauvais plaisantin [4] qui veut uniquement s'amuser!

– Je ne sais pas, mais vous vous rappelez? le jour où on a

---

1. **insidieuses** : qui tendent un piège, qui trompent.
2. **jouer un mauvais tour** : faire une mauvaise farce, tendre un piège.
3. **à tout bout de champ** : toujours.
4. **un mauvais plaisantin** : un mauvais farceur, quelqu'un qui aime bien s'amuser aux dépens des autres.

arrêté la danseuse, elle se dirigeait vers cette chapelle et la musique était là, puis de nouveau au téléphone et enfin cette nuit, je suis convaincu qu'il y a un rapport direct entre cette musique et l'assassinat d'Irène Pavlovich. Il faut enquêter là-dessus! Tenez d'abord, cherchez-moi qui, sur Genève, possède une Bugatti rouge, il ne doit pas y en avoir des masses [1]!

– Mais enfin, commissaire!!! vous pensez que la danseuse a dit la vérité?

– Écoutez, ça je ne le sais pas, mais croyez-moi, quand c'est trop facile, ça veut dire que ce n'est pas ça! N'oubliez pas aussi que Julienne Von Bretch n'a pas confessé...

– Moi je crois commissaire que vous compliquez tout et je pense sincèrement qu'il n'y a pas de fumée sans feu. Avec ou sans confession, je suis certain que Julienne Von Bretch est coupable."

Quelques heures plus tard...

"Commissaire, commissaire, regardez ce que j'ai trouvé! Sur la liste des propriétaires des Bugatti rouges, voitures de collection, il n'y a que deux noms et tous les deux très intéressants : Maître Albert Schneider, avocat de Mlle Von Bretch, et le danseur, objet de la dispute entre Mlle Von Bretch et Mlle Pavlovich, le dénommé Boris Pietrovitch... alors? que dites-vous de cela...?"

---

1. **des masses** : beaucoup.

A C T I V I T É S

En route les baladeurs

Écoutez plusieurs fois l'enregistrement et complétez :

Durant la .... nuit après son ...., Julienne ne réussit .... pas à dormir, ... pensées, ... concentrées sur les .... événements de la ...., ne lui laissent pas une seule .... de répit. Si elle .... rester en prison toute sa ....? et si elle ne .... plus danser ....? Elle en mourra. C'est .... l'unique .... qu'elle possède. Les .... que son avocat lui a dits pour la .... ne lui sont d'................. réconfort. Elle ne croit pas que tout .... se .... comme il le pense. À chaque instant, elle revoit tout ce qui .... passé : "C'est trop bête, ... au moment où j'étais sur le .... de tout gagner!"

Entre les lignes

Voici une liste d'événements : retrouvez l'ordre dans lequel ceux-ci se sont déroulés, puis faites un résumé de ce chapitre en utilisant les connecteurs nécessaires.

- ☐ L'inspecteur Villard cherche les propriétaires de Bugatti rouges.
- ☐ Julienne est désespérée dans sa cellule.
- ☐ Le commissaire Morand n'arrive pas à croire qu'il a déjà trouvé la solution.
- ☐ Il y a deux Bugatti rouges sur Genève : celle de l'avocat et celle de Boris.
- ☐ Le commissaire Morand est réveillé par la fugue de Bach.

N'oubliez pas que vous avez la possibilité d'intégrer d'autres éléments si vous le jugez nécessaire!

ACTIVITÉS

S.O.S. grammaire

La couleur de vos pensées

Après les **verbes d'opinion**, si la phrase est **affirmative**, on doit utiliser **l'indicatif** :

Je crois que vous réfléchissez trop.

Les verbes d'opinion, comme leur nom l'indique, soulignent l'opinion des personnes qui parlent. Il s'agit donc de verbes comme :
croire, supposer, juger, penser etc...

1 Retrouvez dans ce chapitre tous les verbes d'opinion suivis d'une subordonnée à l'indicatif.

Si le verbe d'opinion est à la **forme négative** ou **interrogative**, la subordonnée est au **subjonctif**.

Villard ne pense pas que la danseuse ait dit la vérité

2 Relevez dans ce chapitre la phrase dont le verbe d'opinion est à la forme négative.

....

3 Trouvez toutes les solutions possibles :

	Julienne est en train de mentir	☐
	la situation ne soit pas si compliquée	☐
Le commissaire pense que	l'enquête semble trop simple	☐
	Julienne est une menteuse	☐
	Maître Schneider soit trop arrogant	☐
	à Genève il y ait beaucoup de Bugatti	☐
	il n'y ait pas de fumée sans feu	☐
Villard ne croit pas qu'	il réfléchit trop	☐
	il faille chercher ailleurs	☐

ACTIVITÉS

Attention : mémorisez les phrases suivantes

*Le commissaire Morand **pense** que Julienne ne **pourra** plus danser.*
*Le commissaire Morand **pensait** que Julienne ne **pourrait** plus danser.*

- **C'est ce que l'on appelle le FUTUR DANS LE PASSÉ.**

  pense = présent   pourra = futur
                ↓   ↓
  pensait = imparfait pourrait = conditionnel

- Il y a futur dans la phrase subordonnée après un verbe d'opinion si l'action de la subordonnée est postérieure à celle de la principale.

  Il pense (= maintenant) *qu'elle ne pourra plus danser* (= à l'avenir)

  Si l'on transpose cette phrase dans le passé, on aura :

  Il pensait (= alors, à ce moment-là) *qu'elle ne pourrait plus danser* (= plus tard)

  Là aussi, l'action de la subordonnée est postérieure à celle de la principale, on est donc obligé d'utiliser le conditionnel présent.

- Attention, quand l'action de la subordonnée est simultanée à celle de la principale, on utilise le présent si la principale est au présent, et le passé (imparfait ou plus-que-parfait) si la principale est au passé !

  il pense qu'elle ment / il pensait qu'elle mentait

4 Mettez au passé le texte suivant :

L'inspecteur Villard pense que Julienne ne pourra plus mentir car il croit qu'elle est perdue : les preuves contre elle sont écrasantes. Même s'il n'est pas tout à fait convaincu qu'il y ait un rapport entre la musique qui obsède le commissaire et cette étrange affaire, il est certain que Julienne, cette nuit-là, a tué sa rivale. Pourtant, il estime qu'il ne sera pas très facile de prouver sa culpabilité car il croit que la danseuse est très habile, qu'elle sait bien cacher son jeu et qu'elle fera tout ce qu'elle pourra pour faire inculper quelqu'un d'autre, parce que sa carrière est si importante à ses yeux. Il pense que le commissaire a tort de s'inquiéter car il croit que les méchants seront toujours punis.

P.S. On laisse le subjonctif au présent.

L'inspecteur Villard pensait que ....
..
..

ACTIVITÉS

Des mots toujours des mots

1 Ne vous croisez pas les bras pour les mots croisés

VERTICAL

1 Un joueur de football le marque quand il tire le ballon dans les filets de l'équipe adverse.
2 Très fatigués, on le dit aussi pour des vêtements qui sont très vieux – Petite étendue de terre en pleine mer, la Corse en est une!
3 Endroit où on range sa voiture quand on ne s'en sert pas.
4 Verbe nier, troisième personne du singulier au passé simple.
5 Participe passé du verbe trier.
6 Adjectif possessif masculin singulier – Verbe vendre au présent de l'indicatif troisième personne du singulier.
7 Préposition de lieu que l'on utilise devant les noms de pays féminins.
8 Parvenir en un lieu.

HORIZONTAL

A Marque de voiture que recherche le commissaire Morand.
B Etats Unis d'Amérique – Régime Ordinaire.
C Finir.
D Adjectif possessif féminin – Nom Régulier.
E Adverbe de lieu.
F Subjonctif d'un verbe à la troisième personne qui résonne comme les valses de Strauss.
G Qui n'est pas du tout habillée.
H Voir attentivement.

ACTIVITÉS

2 Écrivez le contraire des mots en gras.

1. Julienne **a été arrêtée** dans la matinée
   ....
2. Le commissaire a très **mal** dormi
   ....
3. Elle est certainement **coupable**
   ....
4. Vous réfléchissez **trop**
   ....
5. Il **sait** la vérité
   ....
6. Elle s'est souvenue de **tout**
   ....
7. Elle est trop **bête**
   ....
8. Il s'est levé **de bonne heure**
   ....

TEST
Êtes-vous crédule?

Croyez-vous à tout ce qu'on vous dit? Faites le test et vous le découvrirez.

1

Un de vos amis vous dit qu'il s'est fait photographier avec Kim Basinger.
[a] Vous pensez qu'il invente n'importe quoi et vous n'y prêtez plus attention.
[b] Vous pensez que dans le fond cela peut être possible et vous lui demandez de voir la photo.
[c] Vous lui demandez immédiatement de vous la présenter.
[d] Vous pensez qu'il a pris le dernier magazine de "Elle" avec en couverture la photo de Kim Basinger et qu'il s'est fait photographier avec le magazine.

2

Un agent de police téléphone, il vous annonce qu'il faut que vous vous présentiez immédiatement au commissariat.
[a] Vous pensez que probablement un agent de la circulation a retrouvé les papiers que vous aviez perdus.
[b] Vous pensez immédiatement qu'on va vous arrêter pour quelque chose que vous n'avez pas commis.
[c] Vous pensez que c'est une plaisanterie faite par un de vos amis et vous faites semblant de croire au coup de fil.
[d] Vous pensez que quelque chose de grave est arrivé à quelqu'un que vous connaissez.

ACTIVITÉS

3

Au lycée, on vous remet un petit billet.
[a] Vous pensez qu'il s'agit d'un petit mot d'amour qu'un admirateur (une admiratrice) vous a envoyé.
[b] Vous pensez qu'il s'agit d'un S.O.S qu'un de vos copains vous envoie parce qu'il ne sait pas faire son devoir de maths.
[c] Vous pensez qu'il s'agit encore d'une farce, et vous le déchirez sans le lire.
[d] Vous pensez que c'est votre petit ami (petite amie) qui vous donne un rendez-vous pour aller au ciné.

4

Un de vos amis vous annonce que Sting et Madonna donneront un concert dans votre ville.
[a] Vous lui demandez immédiatement où on achète les billets.
[b] Vous pensez qu'il a peut-être reçu des informations que vous ne possédez pas encore, mais tout de suite après son départ vous téléphonez au Syndicat d'Initiative (qui s'occupe du tourisme et des spectacles) pour savoir si c'est vrai.
[c] Avec un petit sourire, vous lui demandez s'il vous y accompagnera.
[d] Vous lui riez au nez parce que dans une ville comme la vôtre c'est tout à fait impossible.

5

Votre sœur (ou votre frère) menace de dire à vos parents que vous êtes sorti sans permission si vous ne lui donnez pas un billet de 100 F.
[a] Vous pensez qu'il (ou elle) est en train de bluffer et qu'il (elle) n'aura jamais le courage de le faire.
[b] Vous lui donnez ce qu'il (elle) demande parce que vous n'avez pas la conscience tranquille.
[c] Vous le (la) suppliez de ne rien dire à vos parents et vous lui remettez l'argent.
[d] Vous le (la) menacez à votre tour de leur montrer sa dernière note de maths.

6

Un de vos amis vous annonce qu'il a décroché son permis de conduire alors qu'il a toujours eu d'énormes difficultés.
[a] Vous êtes un peu en colère parce qu'il savait moins bien conduire que vous, et que vous, vous avez échoué.
[b] Vous lui sautez au cou et vous lui demandez de faire un petit tour avec sa nouvelle voiture.
[c] Vous pensez qu'il a eu un examinateur bien indulgent et vous plaignez ceux qui se trouveront sur son chemin.
[d] Vous lui dites simplement : "Et tu crois que je vais gober ça?... à d'autres!"

A C T I V I T É S

À vos plumes, prêts, partez!

1 Avez-vous reçu des appels téléphoniques un peu bizarres? Racontez... Puis écrivez un petit récit, en ménageant le suspens, selon le résumé de ce film :

Juliette habite Paris dans un vieil immeuble. Toutes les nuits à la même heure, elle reçoit un coup de fil d'une personne qui prétend la connaître : cette dernière lui décrit toujours comment elle était habillée la veille. Elle décide de changer de numéro de téléphone, mais les appels reprennent bientôt. Elle se fait mettre sur liste rouge, mais là encore le "sadique" retrouve sa trace. Elle fait mettre son téléphone sur écoute, mais rien n'y fait, la police n'arrive jamais à localiser l'appel. Alors elle décide de mener elle-même son enquête...

2 À vous de reprendre ce récit en l'enrichissant et de le terminer : bon travail!
Ah! vous devriez utiliser les verbes d'opinion pour les dialogues intérieurs, ok!

Chapitre 5
L'étrange obsession de la fugue de Bach

QUELQUES heures plus tard, Morand se rend personnellement au domicile de Maître Schneider. En effet, le convoquer officiellement aurait été trop voyant : à Genève tout se sait, malheureusement, tout... enfin, uniquement ce que l'on veut faire savoir. L'avocat de Mlle Von Bretch n'habite pas à Genève même, mais dans un de ces quartiers, situés à côté du lac, dont la tranquillité et la richesse s'étalent [1] sans faire trop de bruit. Pour y arriver, il est presque obligatoire de prendre le bateau. Après la traversée, le bateau à moteur s'arrête brusquement et Morand descend. Il est encore tout retourné par le roulis[2], bien sûr, il est né à Genève et il est habitué à traverser le lac, pourtant, il est

---

1. **s'étalent** : se manifestent.
2. **le roulis** : le balancement du bateau d'un côté sur l'autre.

L'étrange obsession de la fugue de Bach

certain que jamais il ne parviendra à dominer son mal de mer, chaque fois, c'est l'enfer!

Encore tout pâle, il sonne à la villa de l'avocat. Un majordome en livrée [1] lui ouvre, il le fait entrer et lui demande de bien vouloir patienter dans le petit salon en attendant qu'il annonce sa visite. Morand n'en revient pas, s'il s'agit là du petit salon, que doivent être les autres? Incroyable, sur les murs des tableaux de Tintoretto, de Longhi, il croit même reconnaître une toile de Picasso. Il essaie de s'approcher de plus près pour constater effectivement si la signature de Picasso se trouve au bas du tableau, quand une sirène déchirante se met à retentir dans toute la villa.

"Ah M. Morand", fait une voix derrière son dos, "vous venez de faire la connaissance avec mon système d'alarme!"

Intimidé, le commissaire bafouille [2] quelques mots d'excuse.

"Non, non, ne vous excusez pas, vous ne pouviez pas savoir... il suffit de s'approcher des tableaux pour que l'alarme se déclenche, j'ai l'habitude, même les domestiques l'oublient parfois. Mais, vous savez quand on a une collection de ce genre, on tient à la garder intacte. À quoi dois-je l'honneur de votre visite?

– Et bien, euh... vous possédez bien une Bugatti rouge?

– C'est exact... ah oui, je vois où vous voulez en venir avec vos gros sabots [3], vous allez me demander si le soir du crime

---

1. **une livrée** : habit porté par les domestiques d'une grande maison.
2. **il bafouille** : il bredouille, il se trompe quand il parle parce qu'il est intimidé.
3. **avec vos gros sabots** : de façon très maladroite.

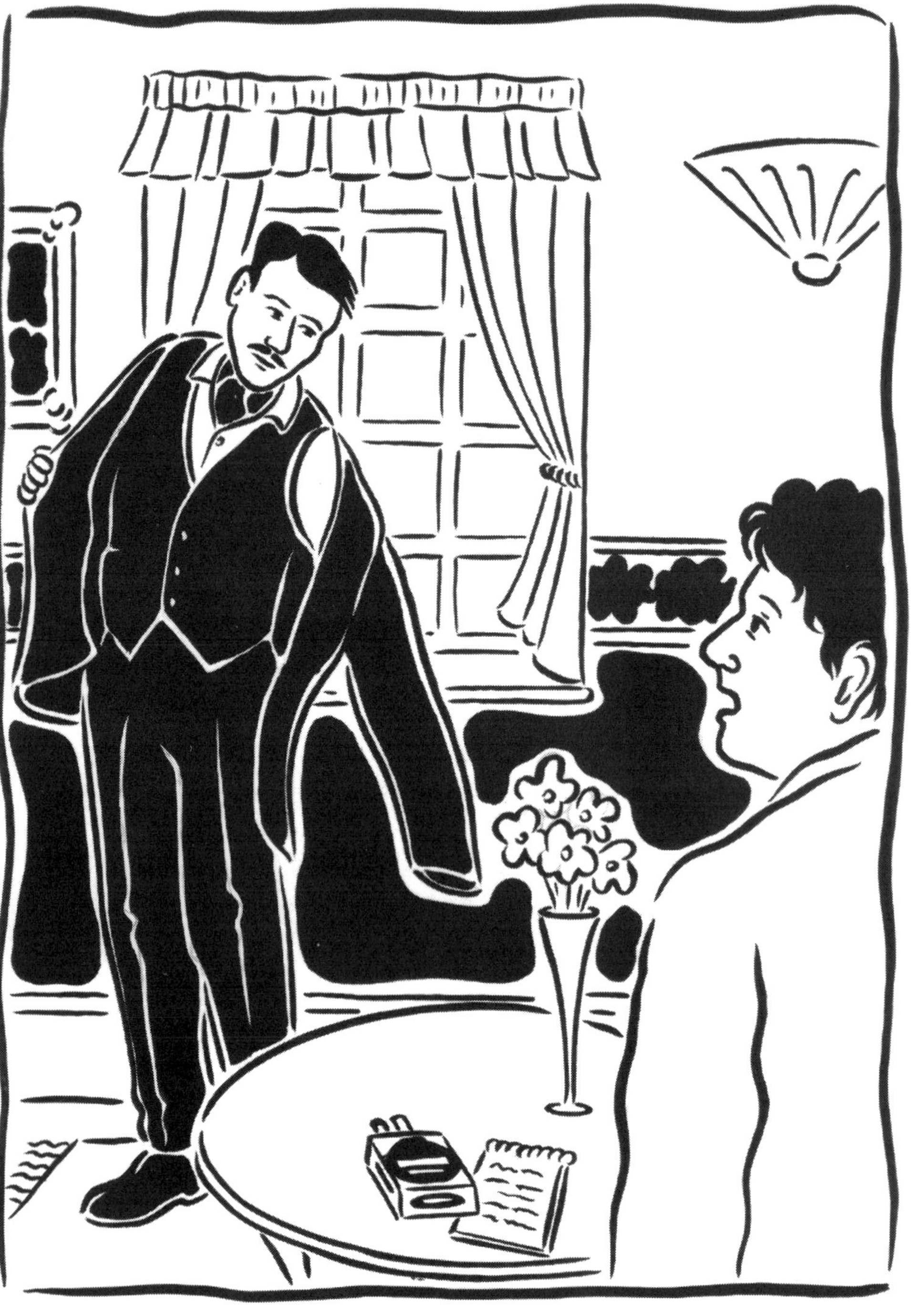

L'étrange obsession de la fugue de Bach

j'avais rendez-vous avec Irène. Et bien non, mon cher ami, désolé de vous décevoir, l'après-midi du fameux spectacle où Mlle Von Bretch a remplacé Irène, je m'étais rendu à Milan pour des affaires avec ma Bugatti rouge. Pour vérifier mes dires, contactez M. Di Benedetto dont je vous laisserai l'adresse. Je suis arrivé à vingt heures : le ticket de sortie de l'autoroute que je demande toujours le prouve et à cette heure-là, Irène avait déjà été tuée.

– Je n'en doute pas, mais euh... enfin donnez-moi quand même ce numéro de téléphone, puis-je appeler d'ici?

– Certainement, vous êtes ici comme chez vous. Vous avez un appareil sur la petite table, dans le coin de la pièce. Je vous en prie."

L'amabilité de Maître Schneider désoriente un peu le commissaire qui a la fâcheuse impression d'avoir commis [1] plusieurs gaffes. Il se confond en excuses [2], son alibi est en béton [3].

Alors qu'il est déjà sorti, il a comme la sensation d'avoir oublié quelque chose. Il se souvient : c'est son carnet qui ne le quitte jamais, il l'a laissé sur le guéridon, à côté de cet étrange paquet de cigarettes à l'odeur douceâtre, des anglaises peut-être, sûrement très chères. Quand on lui ouvre de nouveau, il entend clairement, oui, il reconnaît la fameuse fugue de Bach qui le nargue [4] depuis le début de l'enquête...

---

1. **avoir commis** : avoir fait.
2. **il se confond en excuses** : il n'arrête pas de s'excuser.
3. **alibi en béton** : son alibi est solide.
4. **elle le nargue** : elle se moque de lui.

ACTIVITÉS

En route les baladeurs

Écoutez attentivement l'enregistrement plusieurs fois, s'il le faut, puis corrigez si nécessaire.

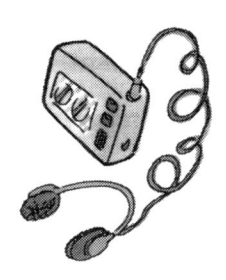

Après être arrivé, le bateau à moteur s'arrête lentement et Morand descend. Il est encore tout retourné par le roulis, bien sûr, il est né à Genève et il n'est pas habitué à traverser le lac, pourtant, il est certain qu'il ne parviendra jamais à maîtriser son mal de mer, chaque fois, c'est l'enfer!

Encore tout pâle, il frappe à la villa de l'avocat. Un majordome en livrée lui ouvre, il lui demande d'entrer et de bien vouloir patienter dans le petit hall en attendant qu'il annonce sa visite. Morand n'en revient pas, s'il s'agit là du petit salon, que doivent être les autres? Incroyable, sur les murs des toiles de Tintoretto, de Longhi, il croit même reconnaître un tableau de Picasso. Il essaie de s'approcher davantage pour constater effectivement si la signature de Picasso se trouve au bas du tableau, quand une sirène déchirante se met à sonner dans toute la villa.

A C T I V I T É S

Entre les lignes

En répondant par des phrases simples à cette série de questions, vous obtiendrez un résumé bref mais exhaustif.

- Où est allé le commissaire Morand?
  ....
- Pour quoi faire?
  ....
- Qui fait entrer le commissaire chez Maître Schneider?
  ....
- Où lui demande-t-on d'attendre?
  ....
- Qui arrive à ce moment-là?
  ....
- Que dit-il au commissaire?
  ....
- Qu'est donc obligé de faire le commissaire?
  ....
- Qu'a-t-il oublié?
  ....
- Que fait-il ensuite?
  ....
- Qu'entend-il alors?
  ....

ACTIVITÉS

S.O.S. grammaire

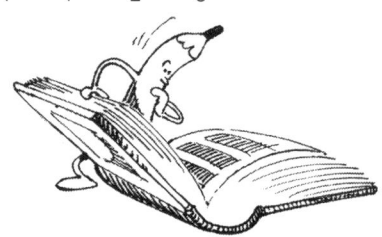

Les pronoms personnels atones

Remarque : On a très souvent exagéré la difficulté des pronoms personnels français. Il suffit de se rappeler que les **pronoms personnels compléments** ont 4 compléments identiques pour les compléments d'objet direct et d'objet indirect :
   me - te - nous - vous.
Les pronoms personnels 3° personne du singulier diffèrent. Ce sont :

- **le - la - les** pour les compléments d'objet direct (il suffit de vous rappeler qu'ils sont identiques aux articles définis) :

    le pour le masculin   *le majordome, je le vois dans la rue*
    la pour le féminin   *la collection, je la surveille*
    les pour le pluriel   { *les tableaux, je les regarde*
                                   les voitures, je les recherche

- **lui - leur** pour les compléments d'objet indirect

    lui pour le singulier   { *il parle au majordome, il lui parle*
                                     il demande à Julienne, il lui demande
    leur pour le pluriel   { *il parle aux accusés, il leur parle*
                                     il ouvre aux dames, il leur ouvre

- Lorsqu'il y a deux pronoms compléments, on utilisera :

| me
te

nous
vous | + | le
la
les | | le
la
les | + | lui
leur |

A C T I V I T É S

1 Retrouvez dans ce chapitre tous les pronoms personnels et classez-les dans le tableau suivant :

PRONOMS PERSONNELS		
sujet	complément d'objet direct	complément d'objet indirect

2 Remplacez les mots en gras par des pronoms personnels :

Le commissaire Morand mène l'enquête. Il a fait arrêter Julienne Von Bretch et il a inculpé **celle-ci** d'avoir assassiné Irène Pavlovich. Il a interrogé **Julienne** mais il n'a pu faire dire **à cette dernière** la vérité. Après l'arrivée de son avocat, Maître Schneider, Julienne a voulu faire une déclaration au commissaire Morand, elle a révélé **à ce dernier** qu'elle était bien chez Irène le soir du meurtre et qu'elles s'était disputées, mais que lorsqu'elle a quitté **la danseuse étoile**, **cette dernière** était bien vivante.

Un petit conseil : attention aux accords du participe passé!

3 Roselyne et sa fille Babette aiment bien regarder les albums photos. Un jour de pluie, elles évoquent leur voyage à Paris : c'était l'été dernier, il faisait chaud...
Complétez en utilisant un pronom personnel.

— Regarde Babette, c'est la Pyramide du Louvre! Tu vois la dame?
— Non, je ne .... vois pas, elle est où? Ah, c'est celle de gauche avec la jupe rouge?

ACTIVITÉS

- Oui c'est elle, elle était sympathique. Tu ne trouves pas?
- Tu .... as parlé? moi je ne me .... rappelle plus.
- Mais si, c'est celle qui était devant nous dans l'autobus et qui .... donnait toujours des bonbons! Maintenant sa fille va à l'université.
- Parce qu'elle .... a donné de ses nouvelles?
- Oui, elle .... a téléphoné hier. Et je .... ai parlé pendant au moins une heure.
- Qu'est-ce qu'elle a bien pu .... raconter pendant une heure.
- La pauvre, elle est en train de divorcer, son mari .... trompait alors elle a demandé la séparation. Au fait, je .... ai invitée demain.
- Demain, pour le déjeuner ou le dîner?
- Pour le dîner.
- Tu aurais pu .... demander mon avis. J'ai invité deux copains pour voir une vidéo ensemble.
- Ça, tu ne .... l'avais pas dit, je ne pouvais pas prévoir. Tant pis, tu n'as qu'à .... décommander!
- Pourquoi ça ne serait pas toi qui décommanderais ta chère copine!
- Écoute, n'en faisons pas un drame, on n'a qu'à .... inviter tous les trois et c'est tout.
- Ça va être chouette, je vois ça d'ici!

A C T I V I T É S

Des mots toujours des mots

1 Retrouvez tous les substantifs qui appartiennent au même champ sémantique que les verbes suivants :

ex : *traverser / la traversée*

étaler	arrêter	visiter	signer
constater	oublier	arriver	accuser

Puis utilisez ces verbes et ces subtantifs dans des phrases s'inspirant du récit comme dans les exemples suivants :

- *le commissaire n'aimait pas **traverser** le lac en bateau parce qu'il avait toujours le mal de mer. La **traversée** du lac représentait pour lui un véritable cauchemar;*
- *sur les bords du lac la richesse et la tranquillité **s'étalent** aux yeux de tous. Maître Schneider aimait faire **étalage** de ses richesses.*

À vous de jouer!

A C T I V I T É S

Sens caché.

2 Savez-vous ce que signifient les expressions suivantes?

1. *Le roulis* :
   a. c'est un ouvrier qui roule des tonneaux
   b. c'est le mouvement que fait le bateau lorsqu'il est dans l'eau
   c. c'est un navire qu'on utilise pour le roulage

2. *Une villa* :
   a. c'est une très grande maison située à la campagne ou ayant un parc ou un très grand jardin
   b. c'est une ferme
   c. c'est un quartier d'une ville

3. *Il est tout retourné* :
   a. il est tout en désordre
   b. il est bouleversé, il se sent mal
   c. il a changé d'avis

4. *Son alibi est en béton* :
   a. son alibi est très solide
   b. son alibi n'est pas valable
   c. son alibi n'existe pas

5. *Il a commis une gaffe* :
   a. il a fait une plaisanterie
   b. il s'est moqué de quelqu'un
   c. il n'a pas eu beaucoup de tact

6. *Un guéridon* :
   a. un gros coussin
   b. un édredon
   c. une petite table

7. *Elle le nargue* :
   a. elle se moque de lui
   b. elle suscite sa curiosité
   c. elle le rend fou

3 Quelle différence y a-t-il entre : PROUVER - ÉPROUVER - PREUVE?

- **Prouver** que quelqu'un est coupable, c'est trouver les **preuves** qui indiquent sa culpabilité.
- **Éprouver** une sensation, cela signifie ressentir une émotion.

Complétez les phrases suivantes en utilisant les verbes "prouver" "éprouver" et le substantif "preuve" :

Le commissaire Morand avait désormais accumulé bien des .... pour pouvoir accuser Julienne de meurtre. Certes, il

ACTIVITÉS

n'avait pas encore complètement .... sa culpabilité, mais il était sur la bonne voie. Il .... maintenant un soulagement qui le réconfortait parce qu'il sentait qu'il pouvait finalement se reposer. Pourtant, le procureur lui téléphona en lui annonçant que les .... qu'il avait trouvées n'étaient pas suffisantes et que pour .... ses dires, il fallait encore enquêter. Après ce coup de fil, il .... une sensation de découragement : son travail avait donc été inutile car les .... qu'il possédait avaient été obtenues après des heures d'intenses recherches. Cela .... encore une fois que la justice était bien lente!

À vos plumes, prêts, partez!

Comment vous apparaît dans cette histoire l'avocat de Julienne Von Bretch, Maître Schneider?

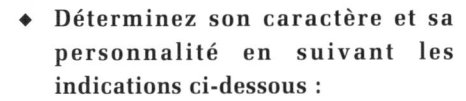

- **Déterminez son caractère et sa personnalité en suivant les indications ci-dessous :**

    1. Comment est-il physiquement? a-t-il du succès auprès des femmes? est-il habitué à obtenir des refus?
    2. Sa richesse et sa réussite sociale l'ont amené à avoir quelle opinion de lui-même?
    3. Pourquoi ne laisse-t-il pas le temps au commissaire de lui poser des questions? quel aspect de son caractère cela révèle-t-il?
    4. Est-ce qu'il est troublé lorsque le commissaire revient? pourquoi?

- **Déterminez son rôle dans cette histoire : y a-t-il des éléments qui laissent supposer qu'il est impliqué dans le meurtre d'Irène? pourquoi avait-il déjà pensé à son alibi?...**

Chapitre 6
Rien ne va plus!

*L*E MAJORDOME, visiblement ennuyé par la présence inopportune [1] du commissaire fait sèchement :
"Mais Maître Schneider est occupé pour l'instant, il ne pourra vous recevoir…"

"Écoutez, dites à Maître Schneider que je veux absolument le voir maintenant…"

Le majordome essaie de lui barrer le chemin [2] dans le grand hall. Le commissaire se dégage d'un violent coup d'épaule et monte l'escalier en courant.

"Mais Monsieur, je vous interdis…" crie éperdument le majordome qui, outré [3], n'arrive plus à parler sans hurler. "Je vais appeler la police…" continue-t-il.

---

1. **inopportune** : qui arrive à un mauvais moment.
2. **barrer le chemin** : empêcher de passer.
3. **outré** : indigné, révolté.

Rien ne va plus!

À ces mots le commissaire se met à rire bruyamment. Il se dirige vers cette musique obsédante qui provient du salon. Le luxe, la richesse, les parfums les plus subtils et les plus raffinés stagnent [1] dans cette immense demeure. L'avocat, en robe de chambre de soie, fume une de ces anglaises à l'odeur douceâtre qu'il a probablement aperçues sur le guéridon. Il n'est pas étonné de voir le commissaire, en sueur, défait. Et, c'est avec un petit sourire narquois [2] qu'il l'accueille.

"Ah, vous revoilà, commissaire..." fait-il le plus calmement du monde. Une telle nonchalance ébranle[3] les résolutions et les soupçons de Morand.

"Cette musique..." bredouille-t-il "cette musique, c'est donc vous?"

"C'est moi, quoi?" interrompt Schneider avec impertinence. "Que voulez-vous dire par là? Commissaire, de quoi m'accuse-t-on, d'aimer Bach et la musique?... vous êtes franchement ridicule..." dit-il avec un ton sarcastique qui déplaît énormément à Morand car, il se sent l'être le plus idiot de ce monde.

Tout ce raffinement, toute cette élégance, toute cette noblesse qui s'exhalent de ces murs, de cette voix, lui renvoient une image de lui-même qui ne lui plaît pas : il s'aperçoit qu'il sent la transpiration, que son pardessus est complètement froissé et que sa barbe pique sur ses joues.

"Humm... fait-il, je vous prie de m'excuser, je n'ai en effet

---

1. **ils stagnent** : ici, les parfums flottent dans l'air.
2. **narquois** : malicieux, railleur, qui semble se moquer du commissaire.
3. **ébranle** : (*fig.*) rend faible, compromet.

La fugue de Bach

aucune preuve, mais croyez bien que je vous ai à l'œil [1]..."

"Mon cher commissaire, vous êtes pathétique!! dit Schneider en riant..."

Le chemin du retour est encore plus désagréable que celui de l'aller, le vent qui s'est levé sur le lac soulève des vagues qui font tanguer [2] le bateau. Morand, confus, malade, ne peut s'empêcher de penser qu'il s'est fait piéger [3] sans qu'il ait pu se défendre. Ce Schneider, c'est décidément quelqu'un de très fort : il a une réponse à tout, il semble tout deviner et ses arguments sont vraiment inattaquables.

Pour l'instant, il n'a pas le choix : puisque la piste Schneider ne mène à rien, il se résout à aller interroger Boris : l'autre propriétaire d'une Bugatti rouge. Le danseur habite dans un quartier qui n'a rien de bien reluisant.

D'après son enquête, il semble que Boris joue énormément et perde beaucoup, que ses dettes s'élèvent à plusieurs centaines de millions de francs suisses et qu'il ne veuille pas se défaire de sa Bugatti, unique objet auquel il tienne vraiment. Quelques années auparavant, il a même été impliqué dans une sordide histoire de drogue. Il s'en est sorti grâce aux manigances [4] de Maître Schneider.

Arrivé au domicile de Boris, il sonne à plusieurs reprises mais personne ne répond. Il est pourtant bien sûr d'avoir entendu du bruit à l'intérieur de l'appartement. Des pas qui s'éloignent rapidement attirent son attention...

---

1. **je vous ai à l'œil** : je vous surveille.
2. **tanguer** : bouger beaucoup pour un bateau à cause du mouvement des vagues.
3. **il s'est fait piéger** : on l'a trompé.
4. **les manigances** : les petites manœuvres secrètes.

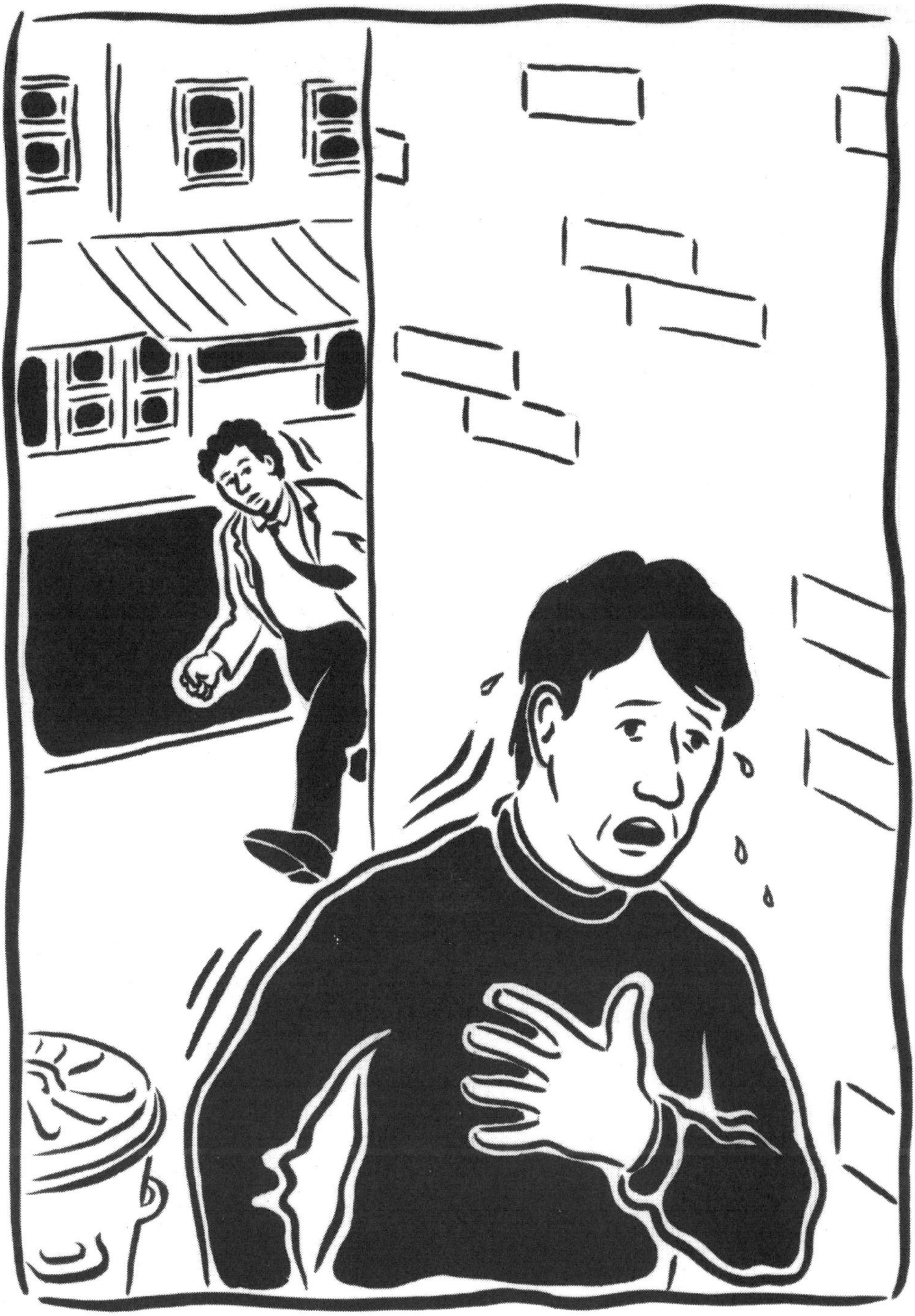

A C T I V I T É S

En route les baladeurs

Écoutez plusieurs fois l'enregistrement, sans regarder le texte écrit, puis choisissez la bonne solution.

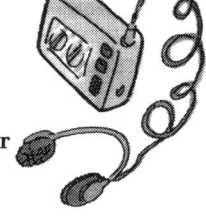

Le majordome, visiblement (*ennuyé – embêté – dérangé*) par la présence (*inopinée – importuné – inopportune*) du commissaire fait (*brusquement – sèchement – suavement*) :
"Mais Maître Schneider est occupé pour l'instant, (*il ne pourra – il ne veut pas – il ne peut pas*) vous recevoir..."
"Écoutez, dites à Maître Schneider que je veux absolument le voir (*à l'instant – maintenant – incessamment*)..."
Le majordome (*sait qu'il faut – sait qu'il doit – essaie de*) lui barrer le chemin dans le grand hall. Le commissaire (*se dégage d'un violent coup – se libère d'un violent coup – donne avec rage un violent coup*) d'épaule et monte l'escalier en courant.
"(*Eh! – Et! – Mais*) Monsieur, je vous interdis..." crie éperdument le majordome qui, (*outré – énervé – agacé*), n'arrive plus à parler sans hurler. "Je vais appeler la police..." continue-t-il.

Entre les lignes

Après avoir lu silencieusement ce sixième chapitre, cachez votre texte et cochez la bonne réponse :

1. ☐ Le majordome est content de revoir le commissaire
   ☐ Le majordome est agréablement surpris par la présence du commissaire
   ☐ Le majordome est ennuyé par la présence du commissaire

ACTIVITÉS

2. ☐ Le majordome annonce au commissaire que son patron ne peut pas le recevoir
   ☐ Il lui annonce que l'avocat sera enchanté de le recevoir
   ☐ Il lui annonce que l'avocat est dans son bain

3. ☐ Le commissaire reste dans l'entrée
   ☐ Il passe quand même
   ☐ Il dit qu'il repassera

4. ☐ L'avocat est dans son bain quand le commissaire arrive
   ☐ L'avocat est en train de fumer quand le commissaire arrive
   ☐ L'avocat est en train de lire quand le commissaire arrive

5. ☐ L'avocat accueille le commissaire avec nonchalance
   ☐ L'avocat accueille le commissaire avec défiance
   ☐ L'avocat accueille le commissaire avec prudence

6. ☐ L'avocat a la répartie prompte
   ☐ L'avocat bredouille
   ☐ L'avocat est embarrassé

7. ☐ Le commissaire décide d'abandonner la piste Boris
   ☐ Le commissaire décide d'abandonner la piste Schneider
   ☐ Le commissaire décide d'abandonner la piste Bugatti

8. ☐ Boris est très riche puisqu'il possède une Bugatti
   ☐ Boris n'est pas riche puisqu'il joue beaucoup
   ☐ Boris n'est pas riche bien qu'il possède une Bugatti

A C T I V I T É S

S.O.S. grammaire

La conjonction que

Attention : il ne faut pas confondre la conjonction **que** introduisant une subordonnée et le pronom relatif **que** : le premier dépend d'un verbe, l'autre remplace un mot ou un groupe de mots.

1 Relevez dans le récit les subordonnées introduites par QUE relatif et QUE conjonction.

QUE = relatif	QUE = conjonction

Les conjonctions et le subjonctif.

2 Relevez dans le récit les phrases subordonnées dont le verbe est au subjonctif.

....
....
....
....
....

ACTIVITÉS

Puis construisez des subordonnées après des verbes de volonté, comme dans l'exemple :

Ma mère ne veut pas que (je / sortir / seule la nuit)
Ma mère ne veut pas que je sorte seule la nuit.

Tes parents veulent que (tu / étudier / durant toute l'après-midi)
....

Leurs professeurs veulent qu' (ils / apprendre / toutes leurs leçons)
....

Évelyne veut que (Jacques / sortir / avec elle)
....

David et Michèle veulent que (leurs enfants / être / bien élevés)
....

Cet écrivain voudrait que (son roman / devenir / un best-seller)
....

Ce petit garçon ne voudrait pas que (école / exister)
....

Ton père exige que (tu / ne pas prendre / ta voiture le soir)
....

Sa mère exige qu' (il / ne pas regarder / la télé au lieu de faire ses devoirs)
....

Les journalistes veulent que (le directeur de l'usine / leur / accorder / une interview)
....

3 Conjuguez le verbe entre parenthèses : attention, il se peut qu'il ne soit pas toujours au subjonctif – revoir la leçon sur les verbes d'opinion.

– Nous nous sommes endormis sans que Marcel (ne pas s'en apercevoir) .... parce que nous étions très fatigués.

ACTIVITÉS

- Il semble que les renforts (ne pas pouvoir) .... nous parvenir à temps.
- Bien qu'il (être) .... avocat, il risque d'être inculpé
- Pour que l'histoire (devenir) .... intéressante, il faudrait que les personnages (être) .... impliqués dans une intrigue d'espionnage.
- Il n'est pas possible que le gouvernement (ne pas se rendre compte) .... de la situation critique dans laquelle se trouve notre pays.
- Il faudrait que tous les citoyens (devenir) .... solidaires.
- Vous pensiez que tous les jeunes (être) .... des délinquants et vous vous trompez!

Syntaxe des conjonctions :

"D'après son enquête, il semble que Boris joue énormément et perde beaucoup, que ses dettes s'élèvent à plusieurs centaines de millions de francs suisses et qu'il ne veuille pas se défaire de sa Bugatti, unique objet auquel il tienne vraiment."

En Français, il est indispensable d'utiliser la conjonction **que** si des subordonnées introduites par la même conjonction sont reliées entre elles :

quand le commissaire saura le nom de l'assassin et **qu'il** découvrira le fin mot de l'histoire, il pourra probablement se reposer.

4 Construisez des phrases avec les conjonctions :

parce que – bien que – pour que – sans que – que

Robert est heureux parce qu'il a trouvé du travail et qu'il gagnera beaucoup d'argent.

....
....
....
....

A C T I V I T É S

Des mots toujours des mots

1 Ce chapitre, surtout dans la première partie, se base sur une opposition : celle de Schneider et du commissaire.
Retrouvez dans le texte les termes qui les opposent.

- Dans leur description physique :
  comment est habillé le commissaire? ....
  que porte l'avocat? ....
- Dans leur comportement :
  comment répond l'avocat? quel est le ton qu'il utilise? ....
  comment est souligné l'embarras du commissaire? ....
- Dans le style :
  soulignez l'importance des superlatifs ....
  soulignez les répétitions ....

Chassez l'intrus.

2 Voici des listes de mots d'où vous devrez chasser l'intrus, mais attention, il faudra motiver votre choix.

1. Château – villa – pavillon – maison de campagne – appartement – ferme
   ....
2. Fugue – sonate – concert – fuite – violon – symphonie – menuet
   ....
3. Parfum – eau de cologne – eau-de-vie – fragrance – senteur
   ....
4. Piéger – tromper – flouer – duper – abuser – voler – déjouer
   ....

ACTIVITÉS

Homographes et homophones

3 **Certains mots ont la même orthographe et le même son, pourtant ils signifient tout autre chose :**

fait = le verbe faire (ex: il fait)
*   = un événement (ex: c'est un fait extraordinaire)*

Retrouvez donc les autres sens des mots suivants, présents dans le récit :

demeure : ....
vers : ....
chambre : ....
ton : ....
pique : ....
joue : ....
grâce : ....
pas : ....
son : ....

A C T I V I T É S

À vos plumes, prêts, partez!

1 Vous connaissez probablement La Bruyère et ses portraits : "Giton a le teint frais, le visage plein et les joues pendantes, l'œil fixe et assuré; les épaules larges, l'estomac haut... etc".
À la manière de La Bruyère, choisissez un personnage dans le récit et faites-en le portrait.

1. Établissez une liste d'actions ou de situations qu'ils pourraient faire ou connaître.
2. Écrivez le texte au présent de l'indicatif pour rendre ce portrait plus vivant
3. Terminez le portrait avec une phrase très courte qui a un effet de surprise.
Par exemple dans "Giton", l'auteur a essayé d'expliquer à la fin la raison pour laquelle Giton est si bien dans sa peau avec : "Il est riche".

2 À qui appartiennent les pas qui s'éloignent rapidement?

1. Ce sont ceux de Maître Schneider : racontez pourquoi il a suivi le commissaire – comment il a pu arriver en même temps que lui etc...
2. Ce sont ceux de Boris : racontez ce qu'il a fait à partir du moment où il s'est enfui de chez lui...

Chapitre 7

Une voie sans issue

'EST BORIS qui tente de s'échapper!!! Le commissaire s'élance pour le poursuivre mais son physique alourdi par les bières ne lui permet pas de l'attraper. Alors qu'il est sur le point d'abandonner la poursuite, il aperçoit, dans l'une des ruelles de la vieille ville de Genève, le dos du danseur. Il s'approche sans faire le moindre bruit et met la main sur l'épaule de Boris : "alors, mon cher Boris…"

"Peut-on savoir ce qui vous fait fuir ainsi?"

Boris est rouge et des gouttes de sueur perlent sur son front. Il parvient mal à respirer et… pour un danseur, c'est tout à fait étrange. Plus le temps passe, plus l'asphyxie semble le suffoquer. Il n'y a plus de doute, c'est une crise d'asthme. Le commissaire, inquiet, lui demande s'il a ses médicaments sur lui. L'autre ne parvient pas à répondre et tout à coup, il s'effondre à terre!

La fugue de Bach

Morand est tout retourné; sincèrement, il n'y comprend plus rien. Affolé, il appelle une ambulance qui arrive très rapidement. Plus tard, à l'hôpital, on lui annonce que Boris est dans le coma, qu'il a eu une crise cardiaque probablement déclenchée [1] par l'asthme et favorisée par une prise de drogue.

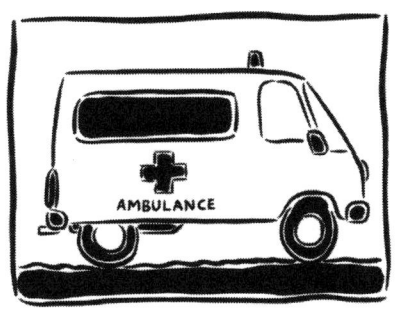

Morand est de plus en plus abasourdi [2] : il savait que Boris avait le jeu dans le sang mais il n'imaginait pas qu'il puisse se droguer car comment alors pouvait-il encore danser? C'est franchement absurde!

Les heures passent lentement dans le couloir de l'hôpital, un de ces longs couloirs blancs aux parois[3] glacées comme la mort. De temps à autre, des infirmières s'affairent, se promenant en groupes de deux ou de trois, toujours animées et souvent bruyantes; c'est comme une sorte de blessure, alors que des gens meurent, d'autres rient, cruellement insensibles. Morand réfléchit, il n'arrivera jamais à accepter ce monde qui tourne toujours sans s'arrêter, ne serait-ce qu'une seconde, devant la misère et la douleur.

Soudain, la voix rassurante d'un docteur le ramène à la réalité:

"Commissaire, commissaire, ah! vous ne dormiez pas, votre homme vient de sortir du coma, mais vous ne pouvez pas l'interroger tout de suite, il est trop fatigué, d'ailleurs vous l'êtes vous aussi, allez vous reposer et revenez demain."

Et, comme dans un rêve, il s'éloigne en pensant bien fort qu'il

---

1. **déclenchée** : provoquée subitement.
2. **abasourdi** : extrêmement étonné, interdit.
3. **une paroi** : la face intérieure d'un mur, une cloison.

Une voie sans issue

va finalement pouvoir dormir. Dans sa tête, il ressasse [1] machinalement tous les éléments de l'enquête : trois pistes, celles de Boris, de l'avocat et de Julienne qui ne portent nulle part :

"Avec sa fuite, Boris a signé sa culpabilité, la Bugatti rouge c'est la sienne, ce n'est pas celle de l'avocat puisqu'il l'avait utilisée pour aller à Milan. Imaginons ce qui a bien pu se passer, pourquoi Boris avait rendez-vous avec Irène? peut-être devait-il parler avec sa maîtresse, peut-être que pris par une de ses crises il l'a frappée puis tuée? Pourtant, l'avocat me semble bien louche; rien ne dit que ce n'est pas lui qui a tué Irène, son alibi est probablement monté de toutes pièces [2] : dans le fond, quelqu'un d'autre peut avoir pris sa place au volant de sa Bugatti et le boss de Milan peut avoir fait un faux témoignage! Schneider avait un mobile : il voulait que sa protégée, sa Julienne bien aimée, prenne la place d'Irène. Troisième solution : la meurtrière c'est Julienne qui, jalouse, a assassiné celle qu'elle considérait comme une voleuse d'homme et de gloire."

Toutes ces réflexions se mélangent comme un tourbillon [3] dans sa tête. Il se tourne et se retourne en vain [4] dans son lit : mais enfin qu'est-ce qu'il a bien pu oublier, quel détail n'a-t-il pas pris en considération? Il sait que la solution est là devant son nez et qu'il est incapable de la saisir. Il se lève et décide de boire un lait chaud pour pouvoir enfin trouver le repos : ne dit-on pas toujours que la nuit porte conseil? Quand tout à coup...

---

1. **il ressasse** : il pense continuellement.
2. **monté de toutes pièces** : complètement inventé.
3. **comme un tourbillon** : comme un vent qui souffle en tournoyant.
4. **en vain** : inutilement.

ACTIVITÉS

En route les baladeurs

Écoutez attentivement l'enregistrement et complétez.

C'est Boris .... de s'échapper!!! Le commissaire .... pour le poursuivre mais son .... alourdi par les .... ne lui .... pas de l'attraper. .... qu'il est sur le .... d'abandonner la poursuite, il ...., dans l'une des .... de la vieille ville de Genève, le .... du danseur. Il .... sans faire le moindre bruit et .... la main sur .... de Boris :
"alors, mon cher Boris..."
"Peut-on savoir .... qui vous faire .... ainsi?"
Boris est rouge et .... gouttes de .... perlent sur son front. Il parvient mal à ....

Entre les lignes

1 Divisez ce chapitre en trois parties et donnez un titre à chaque passage.

2 Répondez aux questions suivantes par vrai ou faux :

	V	F
1. Boris est sous l'effet de la drogue	☐	☐
2. Il s'échappe en voyant le commissaire	☐	☐
3. Le commissaire ne parvient pas à le retrouver	☐	☐
4. Boris est asthmatique	☐	☐
5. On transporte le danseur à l'hôpital	☐	☐
6. Le commissaire est indifférent aux malheurs des autres	☐	☐
7. Le commissaire sait qui est l'assassin	☐	☐

A C T I V I T É S

3 Les réflexions du commissaire :

1. **Que pensez-vous des phrases** : "De temps à autre, des infirmières s'affairent, se promenant par groupes de deux ou de trois, toujours animées et souvent bruyantes; c'est comme une sorte de blessure, alors que des gens meurent, d'autres rient, cruellement insensibles. Morand réfléchit, il est sûr qu'il n'arrivera jamais à accepter ce monde qui tourne toujours sans s'arrêter, ne serait-ce qu'une seconde, devant la misère et la douleur."

   Jusqu'à présent, comment nous était décrit le commissaire? Maintenant comment nous apparaît-il : devient-il plus humain? plus accessible? nous est-il plus sympathique? Que pensez-vous de ce qu'il dit? partagez-vous son opinion?

2. Les trois pistes :
   Avez-vous d'autres éléments à ajouter?
   Qui vous semble le plus coupable? Julienne, Boris, ou Maître Schneider? Pour qui le mobile semble le moins grave?

ACTIVITÉS

S.O.S. grammaire

Définissons les indéfinis

Dans ce chapitre, nous analyserons deux catégories d'indéfinis :
des adjectifs et des pronoms

Le pronom indéfini ON

Le pronom indéfini **on** est toujours singulier

De cet appartement, la vue est extraordinaire, on peut voir tous les toits de la ville!

On l'utilise quand il n'y a pas de sujet déterminé. Très souvent, on peut le remplacer par **nous**.

À la boum de Marie, on s'est bien amusés, on a dansé, chanté, et on a beaucoup ri!

---

1 Transformez les phrases suivantes selon le modèle :

> – *Les motivations de Boris ne nous sont pas connues.*
> *On ne connaît pas les motivations de Boris.*

– Les affaires de l'avocat de Julienne ne sont pas publiées.
....

– Le mobile concernant le meurtre d'Irène n'est pas connu.
....

– Certaines révélations ont été faites sur cette affaire.
....

– Les véritables preuves n'ont pas été retrouvées.
....

– Un bouquet de roses a été envoyé à Julienne dans sa loge.
....

– Des indications très importantes concernant ce meurtre ont été données.
....

– La musique de la fugue de Bach a été entendue dans la chapelle.
....

A C T I V I T É S

— Sous les ongles d'Irène, des cheveux appartenant à Julienne ont été retrouvés.
....

— Le commissaire Morand a été réveillé en pleine nuit pour élucider cette affaire.
....

D'autres indéfinis

- Le contraire de **tout** adjectif est **aucun** :
  Elvire a emporté toutes ses valises
  Elvire n'a emporté aucune valise

- L'opposé de **tout** pronom est **rien** s'il remplace le nom d'une chose :
  Elvire a tout emporté
  Elvire n'a rien emporté

  ou bien **personne**, s'il remplace une personne :
  tous ont reçu un beau cadeau
  personne n'a reçu de cadeau

- Attention : **tout** placé devant un adjectif se comporte comme un adverbe, c'est-à-dire qu'il reste invariable, sauf devant les adjectifs féminins qui commencent par consonne :
  ils sont tout retournés
  elles sont toutes retournées

  mais :
  ils sont tout heureux
  elles sont tout heureuses

  on dira : *elles sont toutes heureuses* si "toutes" est pronom, c'est-à-dire que *"toutes" les jeunes filles sont heureuses.*

2 Dites le contraire : si la forme est affirmative, transformez à la forme négative et vice versa.

Tout le monde est arrivé à l'heure au lieu du rendez-vous.
....

ACTIVITÉS

Elle n'a rencontré aucune amie.
....
Jacob a suivi tous les cours de la 3° année de médecine.
....
Madeleine a tout vu, tout entendu, tout appris!
....
Bob veut tout savoir sur cette étrange aventure.
....
Ils ont assimilé toutes les données sur l'énergie nucléaire.
....
Personne ne m'a raconté que Gisèle était tombée amoureuse de Julien.
....
Tout me dit que je suis en train de me tromper!
....

Attention à la forme négative!

3 Accordez "TOUT" si cela est nécessaire :

Tous les garçons et les filles de mon âge s'en vont dans les rues, deux par deux...

— Ils étaient .... ennuyés qu'Estelle ne vienne pas parce qu'ils se sentaient probablement coupables de l'avoir vexée.
— Elle manifestait .... son émotion quand elle voyait son maître, c'était la chienne la plus adorable qui puisse exister sur terre.
— .... les deux affrontaient le danger avec courage et détermination. Elles ne montraient pas leurs sentiments à .... le monde.
— Elles jouaient toujours dans la rue et souvent elles rentraient à la maison .... énervées.
— .... peureux qu'ils sont, ils ont quand même réussi à franchir cette barrière.
— .... les fois que je le vois, je suis prise d'une étrange envie de lui donner une claque.
— Oui, je vous dirai ...., ... les choses que vous m'avez faites, ... les vexations que j'ai dû subir, ... les ennuis que j'ai dû affronter pour vous, ... les angoisses que j'ai dû vivre pour vous, oh oui! ne vous en faites pas je dirai ....!

Des mots toujours des mots

1 Ne croisons pas les bras pour les mots croisés

VERTICAL

1. Adjectif qui caractérise Morand dans ce chapitre.
2. C'est l'un des indéfinis que nous avons étudiés dans le paragraphe précédent, il signifie tout le monde – désinence du verbe *finir* à la troisième personne du singulier au présent de l'indicatif.
3. Un synonyme d'*employée*, dans le récit c'est ce qu'a fait Schneider avec sa voiture pour aller à Milan.
4. Boris n'a pas eu le temps d'en faire une quand il est parti.
5. Préfixe – États-Unis d'Amérique.
6. Venues au monde.
7. Adjectif possessif pluriel 2° personne du singulier.
8. Assassinées.

HORIZONTAL

A. Contraire de rarement
B. Commencée, on le dit souvent pour une tarte ou bien la conversation.
C. Pronom personnel sujet troisième personne du singulier – verbe être à la troisième personne du singulier au présent de l'indicatif.
D. Elles se sont tachées.
E. Désinence du verbe finir, deuxième personne du singulier du présent de l'indicatif – Sert à faire la négation.
F. Qui n'est pas accompagné.
G. Attaché – un champion.
H. Saison – exclamation de surprise.

ACTIVITÉS

2 Charades

1. Mon premier se trouve dans une ville
   Mon deuxième est un pronom personnel sujet féminin
   Mon tout est cité dans le premier paragraphe de ce chapitre quand on parle de la vieille ville

2. Mon premier est la deuxième note de musique
   C'est la poule qui fait mon deuxième
   Boris ne peut pas faire mon tout parce qu'il a une crise d'asthme

3. Mon premier est situé entre la tête et le tronc
   On dit que mon deuxième dort beaucoup
   Morand se promène dans mon tout quand il est à l'hôpital

4. On sonne mon premier lors d'un enterrement
   Mon deuxième est un adjectif possessif pluriel 3° personne du singulier
   Dans le récit, mon tout caractérise les parois

5. Mon premier est le petit de la vache
   Mon deuxième n'est pas rapide
   Mon tout se trouve dans une voiture et il sert à conduire

3 Devinettes

1. On le fait au bas d'un document; le commissaire pense que Boris l'a fait à propos de sa culpabilité. Qu'est-ce que c'est?
2. Cela signifie : "qui n'est pas très net", mais quand c'est un objet, on s'en sert pour servir la soupe. Qu'est-ce que c'est?
3. Quand on la trouve, on résout une énigme. Le commissaire Morand sait qu'elle est devant lui mais qu'il ne la voit pas. Qu'est-ce que c'est?
4. Quand on tombe dedans, on risque de ne plus se réveiller. Qu'est-ce que c'est?
5. Généralement c'est la nuit qui en porte, mais quand ce sont nos parents qui nous les donnent, on ne les accepte pas volontiers. Qu'est-ce que c'est?

ACTIVITÉS

À vos plumes, prêts, partez!

1 Quand tout à coup...
Qu'arrive-t-il à notre commissaire?
Trouve-t-il tout à coup la solution?
Y a-t-il quelque chose qui va se
produire? racontez à votre façon...

Devenez écrivain

Dans ce chapitre, l'auteur du récit analyse les émotions que le commissaire Morand éprouve : il est inquiet, tout retourné, affolé, abasourdi. Il trouve que la situation est absurde, que les gens sont insensibles et il se révolte contre cet état des choses.

2 Dans un petit récit que vous écrirez, vous allez vous aussi indiquer vos émotions et vos sentiments en reprenant les adjectifs déjà utilisés par l'auteur de "La fugue de Bach". Suivez le schéma ci-dessous :

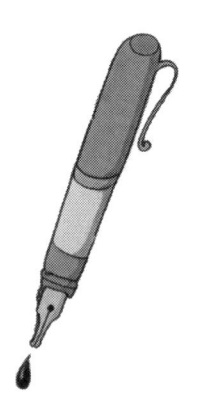

Introduction	mise en situation des événements indiquez le lieu où cela se déroule situez le moment (époque de l'année, jour, heure etc...) personnages qui sont impliqués
Développement	racontez l'évolution de vos sentiments vis-à-vis de l'événement que vous êtes en train de vivre. Vous pouvez choisir un crescendo : vous partez d'un sentiment assez faible qui augmente dans le temps jusqu'à arriver à "l'explosion". Ou bien un decrescendo : l'impact avec l'événement est brutal mais avec le temps il perd de l'intensité.
Conclusion	dites ce que cet événement vous a apporté. C'est une leçon de vie, quelque chose qui ne se reproduira plus etc...

Chapitre 8
Les affaires se corsent[1]

*D*RIN... Drin... Drin... "Qui cela peut bien être?" se demande Morand.

"Allô, oui! qui est à l'appareil?

— Monsieur le commissaire...

— Et bien qu'est-ce qu'il y a Villard?

— Boris, le danseur...

— Et bien quoi? Parlez, nom de Dieu!

— Il vient de mourir à l'instant, on m'a téléphoné de l'hôpital, on l'a tué : une overdose!

"Comment ça une overdose!" fait Morand terriblement en colère.

---

1. **se corsent** : se compliquent.

Les affaires se corsent

"Et bien, oui, on lui a injecté de la drogue pure.
– Mais enfin, Dussolier n'était pas là? il ne surveillait pas la porte comme je lui avais demandé? qu'est-ce qu'il faisait?
– Dussolier a eu ... enfin il s'est...
– Parlez, qu'est-ce qu'il a fait Dussolier, il s'est endormi?
– Et, bien oui, chef, ça faisait deux nuits qu'il ne dormait pas, avec sa femme à la clinique, vous savez qu'ils ont enfin eu un petit garçon...
– Mais je m'en balance de leur petit garçon! il devait surveiller la porte, oui ou non?!!
– Il s'est juste endormi deux secondes, je vous jure patron, juste deux secondes.
– Je travaille avec des abrutis, voilà, je travaille avec des abrutis...
– Vous lui ferez quelque chose, à Dussolier?
– Écoutez, mon vieux, on verra, ce n'est pas le moment! Il est inutile que je vous dise ce que je vais faire, je n'en sais rien. Où êtes-vous, là?
– Je suis au commissariat, chef.
– Il faut tout de suite aller à l'hôpital, plus vite que ça et que ça saute... des incapables, oui tous des incapables... je vous rejoins."

Une demi-heure plus tard, Morand est en train d'arpenter[1] nerveusement les couloirs de l'hôpital. Il a interrogé tout le personnel : on n'a rien vu de suspect, tout a fonctionné normalement, personne n'est rentré, personne n'est sorti, personne n'a appelé, personne. Rien, cette affaire tourne au cauchemar et Morand devient de plus en plus furieux. Il

---

1. **arpenter** : parcourir à grands pas, rapidement.

La fugue de Bach

demande qu'on lui apporte la liste des infirmiers, des docteurs, enfin de tout le personnel qui travaille à l'hôpital. Il fait fouiller [1] toutes les salles, inspecter tous les réduits [2], les armoires, les lits, on trouvera bien quelque chose, un assassin ne peut pas s'envoler ainsi sans que personne ne le voie. Il demande aussi la liste de tous les malades pour découvrir s'il y a des liens entre Boris et l'un d'entre eux. Mais les recherches sont vaines. Alors qu'il est sur le point de déclarer forfait, il s'assied sur un fauteuil d'une des salles d'attente. Énervé, en colère, affamé, il est en train de maugréer[3] contre le sort, contre ses collègues qui ne l'épaulent pas, contre son métier qui devient de plus en plus difficile puisque les malfaiteurs ne sont plus ce qu'ils étaient...

Le commissaire Morand est torturé par une idée : quelqu'un a assassiné Boris, pourquoi l'a-t-on éliminé? Pour qu'il ne parle pas c'est sûr! Cela veut donc dire que ce n'est pas lui le coupable et qu'il savait quelque chose sur le meurtre d'Irène, le témoignage d'un mourant est toujours crédible. Qui sont ceux qui tirent les fils de cette histoire? Julienne qui est en prison n'a rien pu faire. Cette conclusion dérange beaucoup le commissaire parce qu'il y a dans la personnalité même de la danseuse un aspect déroutant, il semble qu'elle n'ait aucunement le sens de la morale, des limites qu'il ne faut pas dépasser. Il s'agit véritablement de l'enquête la plus embrouillée de toute sa carrière.

---

1. **fouiller** : chercher très attentivement.
2. **les réduits** : les placards où l'on conserve des objets, comme les balais, les seaux, etc.
3. **maugréer** : montrer de la mauvaise humeur, ou exprimer du mécontentement.

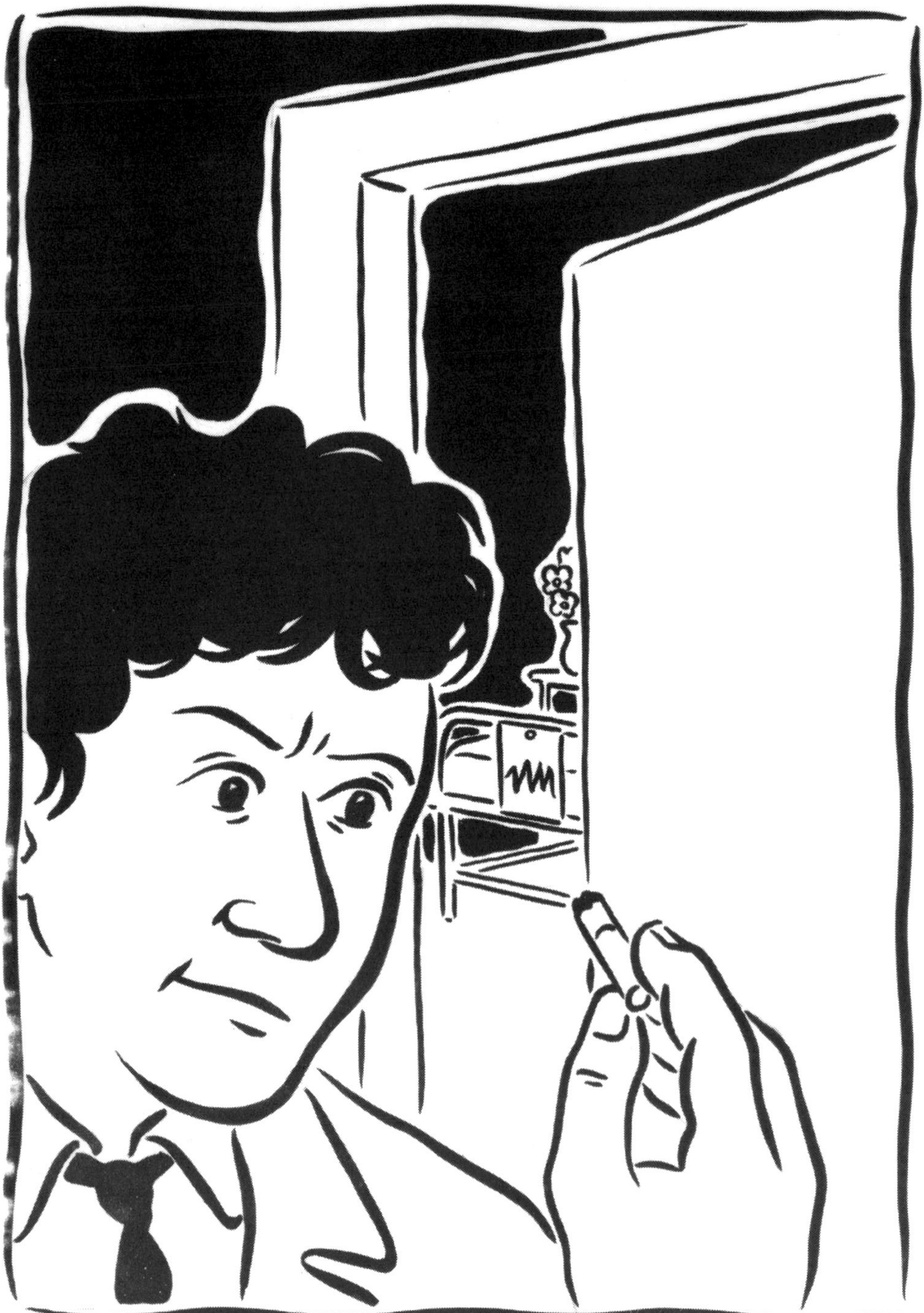

Les affaires se corsent

Il remue tout ça sans réussir à comprendre, ses intuitions ne le trompent jamais. Il décide de dormir quelques minutes et de reprendre les recherches après un instant de repos. Tout à coup, en se penchant, il voit par terre un mégot [1] de cigarette, il le ramasse machinalement et le porte à son nez. C'est une de ces cigarettes de luxe qui ont une drôle d'odeur de tabac un peu sucré, peut-être une marque anglaise. Cette odeur, il l'a déjà sentie quelque part, bien sûr, mais où?...

1. **mégot** : ce qui reste de la cigarette quand on a fini de la fumer.

ACTIVITÉS

En route les baladeurs

Quelques erreurs se sont glissées involontairement dans la transcription du texte : écoutez attentivement l'enregistrement et corrigez.

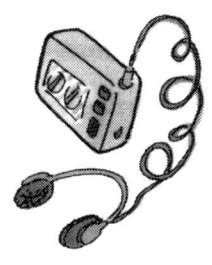

Drin... Drin... Drin... "Qui ça peut bien être?" se demande Morand.
"Allô, qui, qui est à l'appareil?"
– Commissaire...
– Et bien qu'y a-t-il Villard?
– Boris, le danseur...
– Et bien quoi? Parlez, non!
– Il vient de courir maintenant, on m'a téléphoné à l'hôpital, on l'a supprimé : une overdose!
– Comment ça une overdose! a fait Morand terriblement en colère.
– Et bien, oui, on lui a injecté de la drogue dure.
– Mais enfin, Dussolier n'y était pas? il surveillait le pas de la porte comme j'avais demandé? qu'est-ce qu'il faisait?
– Dussolier a eu... à la fin il s'est...
– Parlez, qu'a-t-il fait Dussolier, il s'est endormi?
– Et, bien oui, chef, cela faisait deux jours qu'il ne dormait pas, avec sa femme à la clinique, vous savez qu'ils ont eu un petit garçon, enfin...

Entre les lignes

1 Qu'arrive-t-il dans ce chapitre : résumez-le en quelques phrases en suivant les indications :

    a. Qu'arrive-t-il à Boris?
    ....

    b. Quelle est la réaction du commissaire? (ses états d'âme et ses réflexions)
    ....

A C T I V I T É S

2 **Répondez aux questions :**

   a. Pourquoi le commissaire est-il en colère?
   b. Parvient-il immédiatement à trouver des preuves à l'hôpital?
   c. Selon vous, que signifie "les malfaiteurs ne sont plus ce qu'ils étaient"?
   d. Pourquoi le commissaire pense-t-il que Julienne est désormais lavée de tout soupçon?
   e. Selon vous, qui avait intérêt à éliminer Boris? Formulez des hypothèses.
   f. Quel est l'indice qui nous est donné à la fin de ce chapitre?

S.O.S. grammaire

Les verbes impersonnels

◆ Certains verbes sont utilisés de façon impersonnelle
   ex : *il existe...*

   mais le verbe exister peut être conjugué normalement
   ex : *j'existe dans un monde qui ne m'appartient pas toujours.*

◆ Au contraire, d'autres verbes ne peuvent être employés que dans leur forme impersonnelle
   ex : *il faut, il s'agit, il y a,* etc...

   On doit donc se rappeler qu'ils ne sont utilisés qu'à la troisième personne du singulier.

◆ Attention on dira :
   il existe des formes de vie sur Mars
   Il y a toujours des bruits assourdissants dans cette rue

   même si le complément qui suit est au pluriel.

ACTIVITÉS

1 Relevez dans ce texte tous les verbes impersonnels, puis classez-les en deux catégories :

Verbes toujours impersonnels	Verbes à la fois impersonnels et personnels

2 Transformez à l'imparfait, puis au passé composé les phrases suivantes, les subordonnées ayant un verbe au subjonctif présent ne doivent pas être transformées :

1. Il y aura des nouvelles intéressantes dans le journal.
2. Il faut beaucoup travailler pour obtenir quelquefois très peu.
3. Il s'agit d'informations très réservées qu'il ne faut montrer à personne. (transformez cette phrase simplement à l'imparfait)
4. Il semble que les avions de l'armée ennemie soient tous hors d'état de nuire.
5. Il est absurde que vous fassiez cette opération sans avoir réussi à trouver la bonne formule.
6. Dans les forêts équatoriales, il y a une végétation très luxuriante.
7. Dans cet album, il existe plusieurs catégories de timbres, classés selon leur provenance.
8. Il ne faut pas dépasser les limites de ce secteur sans risquer d'être emporté par le courant.

A C T I V I T É S

Les verbes impersonnels et le subjonctif

- Les verbes impersonnels comme
  il faut, il suffit, il semble,
  les formules impersonnelles (être + adj.) comme
  il est probable, il est absurde, il est important,
  sont suivis d'une subordonnée au subjonctif.
  Il faut qu'il vienne
  Il est probable qu'il sorte.

- Attention :
  Dans les formules impersonnelles (être + adjectif), si l'adjectif exprime une certitude, comme
  il est certain, il est sûr,
  la subordonnée qui suit est à l'indicatif.
  il est sûr qu'il vient.
  Les mêmes formules à la forme négative ou interrogative sont suivies du subjontif
  il n'est pas sûr qu'il vienne
  est-il certain qu'il vienne?

3 Conjuguez les verbes entre parenthèses :

1. Il faudra que vous (amener) .... votre valise à la consigne automatique qui se trouve au sous-sol.
2. Il est probable que mes parents (ne pas être) .... contents de ma décision, il faut que je les (convaincre) .... en utilisant ma tactique habituelle.
3. Il suffisait que les lecteurs (savoir) .... la nouvelle au moins quarante huit heures avant la catastrophe.
4. Il a fallu que tu (venir) .... pour que la situation soit tout à fait intenable.
5. Il est dangereux que les touristes (aller) .... en haute montagne sans un guide.

ACTIVITÉS

6. Il n'est pas certain que le trafic (devenir) .... moins intense, on annonce, en effet, des bouchons à la hauteur du tunnel de Fréjus.

7. Il semble que les Américains (ne pas parvenir) .... à contrôler le déficit de la balance des paiements, il y aura sans doute des répercussions sur notre économie.

8. Il ne faudra surtout pas que vous (envoyer) .... ce télex avant quatorze heures, nous pourrions avoir de graves ennuis.

9. Il est tout à fait inutile qu'ils (apprendre) .... toutes ces pages d'histoire, il suffit qu'ils (retenir) .... l'essentiel.

10. Il n'est pas important que vous (comprendre) .... tous les mots du texte, il suffit que vous (avoir) .... une vision d'ensemble.

Des mots toujours des mots

1 Savez-vous ce que sont les "mots valises"? non? et bien c'est très simple, ce sont des mots qui ont été inventés : d'abord on cherche deux mots dont le premier se termine par une syllabe et dont le second commence par cette même syllabe.

un éléphant + un fantôme = un éléphantôme.

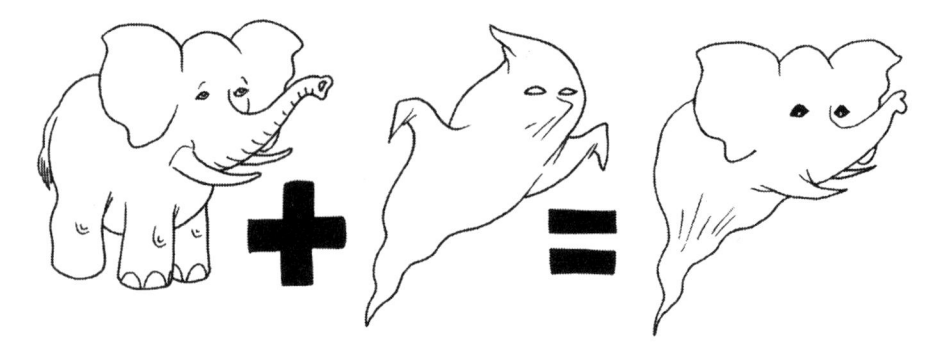

ACTIVITÉS

À ce mot que l'on a obtenu, on donne une définition : *il s'agit de l'âme d'un éléphant qui vient hanter les vivants.* ou bien, il s'agit d'un éléphant qui adore faire des plaisanteries à ses amis et qui se déguise en fantôme. Vous avez compris? le tout aussi est d'avoir beaucoup d'imagination et de jouer sur les homophones.

Voilà un petit exercice qui vous divertira. Essayez de donner une définition amusante des mots inventés : pour ce faire retrouvez les deux mots qui les composent.

1. personner = ... + ...
   Et sa porte, qu'on personna, resta toujours fermée.

2. un endormiracle = ... + ...
   Dans le château de la Belle au bois dormant, il y eut un endormiracle qui dura pendant cent ans.

3. un cauchemarché = ... + ...
   Pourquoi veux-tu toujours m'entraîner au cauchemarché? tu sais bien que c'est très stressant!

4. une rechercheminée = ... + ...
   Le ramoneur fit une rechercheminée, malheureusement, il ne trouva rien

5. une idécision = ... + ...
   Il n'est pas très difficile de considérer acceptables toutes ces idécisions, vu qu'elles sont toutes très raisonnables.

6. une marquestion = ... + ...
   Ah! ces journalistes qui sont toujours en train d'écrire leurs marquestions sur leur ordinateur!

7. un mégocher = ... + ...
   Il est presque impossible de trouver des mégochers dans cette catégorie de population, les gens ne veulent fumer qu'avec leur main droite.

ACTIVITÉS

2 **Selon vous, que signifient les expressions suivantes :**

1. *Je m'en balance* :
   a. cela m'énerve
   b. je n'attache aucune importance à
   c. je vous dirai la vérité

2. *Un abruti* :
   a. c'est quelqu'un de très intelligent
   b. c'est quelqu'un de très timide
   c. c'est quelqu'un qui n'est pas très intelligent

3. *Et que ça saute* :
   a. et débrouillez-vous
   b. et dépêchez-vous
   c. et attendez-moi

4. *Arpenter le couloir* :
   a. faire les cent pas dans le couloir
   b. courir dans le couloir
   c. rester immobile dans le couloir

5. *Cela tourne au cauchemar* :
   a. cela devient un mauvais rêve
   b. cela n'est plus un mauvais rêve
   c. c'est toujours un mauvais rêve

6. *Déclarer forfait* :
   a. se déclarer fort
   b. déclarer qu'on a gagné
   c. abandonner parce qu'on se considère vaincu

7. *Maugréer* :
   a. exprimer son mécontentement en parlant tout bas entre ses dents
   b. exprimer son désarroi
   c. exprimer sa satisfaction

8. *Épauler* :
   a. tenir par l'épaule
   b. combattre
   c. aider

À vos plumes, prêts, partez!

Avez-vous les idées plus claires sur l'assassin? L'indice qui vous est donné à la fin de ce chapitre est capital... Terminez l'histoire à votre façon.

Chapitre 9
Julienne, dit-elle la vérité?

"Mais bien sûr..." fait Morand "ça y est, j'ai compris...".
Il se lève d'un bond et appelle son collaborateur :
"Vite! Villard, suivez-moi."

Villard est abasourdi et comme un automate il emboîte le pas[1] du commissaire. Ils arrivent à la voiture de service :

"Mais enfin chef, qu'est-ce qu'il y a? vous partez comme une fusée et vous ne me dites rien...

– Je vous expliquerai en route, prenez le volant!

– D'accord, mais pour aller où?

– Au commissariat, bien sûr!"

Villard connaît son patron, pas moyen de le faire parler quand il n'en a pas envie. Il se contente simplement d'obéir.

---

1. **il emboîte le pas** : il marche juste derrière le commissaire.

La fugue de Bach

La sirène de l'auto hurle et tous les gens se retournent à son passage.

Arrivé au commissariat, Morand sort et se précipite vers les cellules de garde à vue.

"Alors, mademoiselle Sainte Nitouche, vous n'êtes plus si fière!"

Il s'adresse à Julienne d'un ton arrogant [1]. La danseuse sursaute, cette apparition l'a troublée.

"Et bien quoi?" fait-elle sèchement.

"Ça, c'est à vous de me l'expliquer...

– Expliquer quoi commissaire?

– Rien, reprenons depuis le début. J'aimerais de nouveau entendre votre version.

– Comment ça? vous m'avez déjà interrogée, mon avocat n'est pas là et je ne veux pas parler!"

"Je m'en contrebalance de votre avocat! reprenez depuis le début vous ai-je dit" le ton de Morand se fait de plus en plus menaçant. Apparemment, Julienne qui ne s'attend pas à toute cette violence verbale reste d'abord interdite [2], puis elle se met à parler, obéissante.

"Oui, j'ai vu Irène le soir du meurtre, mais ce n'est pas moi qui l'ai tuée, je vous le jure...

– Non, non racontez-moi plutôt cette voiture que vous avez vue.

– Il y avait une Bugatti rouge qui attendait dehors... Je suis sûre que c'était Boris qu'Irène devait voir."

---

1. **un ton arrogant** : un ton méprisant, hautain.
2. **interdite** : elle ne sait que répondre.

Julienne, dit-elle la vérité?

Tout à coup Julienne se tait, elle a parlé trop vite. Elle se mord les lèvres comme pour arrêter le flux de paroles.

"Tiens, tiens, ça c'est nouveau, qu'est-ce qui vous fait dire cela?"

"Et bien, c'est que euh..." Julienne hésite, elle sait qu'elle n'aurait jamais dû prononcer le nom de Boris, "je ne vous l'avais pas dit, mais il... euh... il y avait un billet sur la table d'Irène et je l'ai lu..."

"En effet, vous aviez oublié de me le signaler, c'est ça la raison de votre dispute avec Irène?

— Et bien, oui, je lui ai demandé d'arrêter de sortir avec lui. De toute façon elle ne l'aimait pas! Boris est à moi, il ne la fréquentait que parce qu'il voulait danser dans la compagnie.

— Pourquoi ne m'en avez vous pas parlé auparavant?

— Parce que c'était comme si je l'accusais...

— Alors, vous continuez à insister sur le fait que vous n'êtes pas responsable de la mort d'Irène?

— Je vous jure que ce n'est pas moi!!

— En tout cas, ce n'est pas Boris, non plus! On ne l'aurait pas supprimé [1] autrement!

— Comment ça supprimé? vous n'allez pas me dire qu'il est...

— Et oui, qu'il est bel et bien mort! Et je sais peut-être le nom de son assassin!

— Assassiné! mais qui aurait pu lui vouloir du mal?

— Je suis convaincu qu'il avait tout deviné, qu'il savait qui

---

1. **supprimé** : tué.

était l'assassin d'Irène, justement parce qu'il avait découvert le cadavre et qu'il avait vu quelque chose. Il était devenu dangereux."

Cette déclaration atteint Julienne de plein fouet [1], elle devient livide et commence à trembler.

"Non, non, je ne vous crois pas, vous le dites exprès [2]... Ce n'est pas vrai, Maître Schneider m'avait assuré que..."

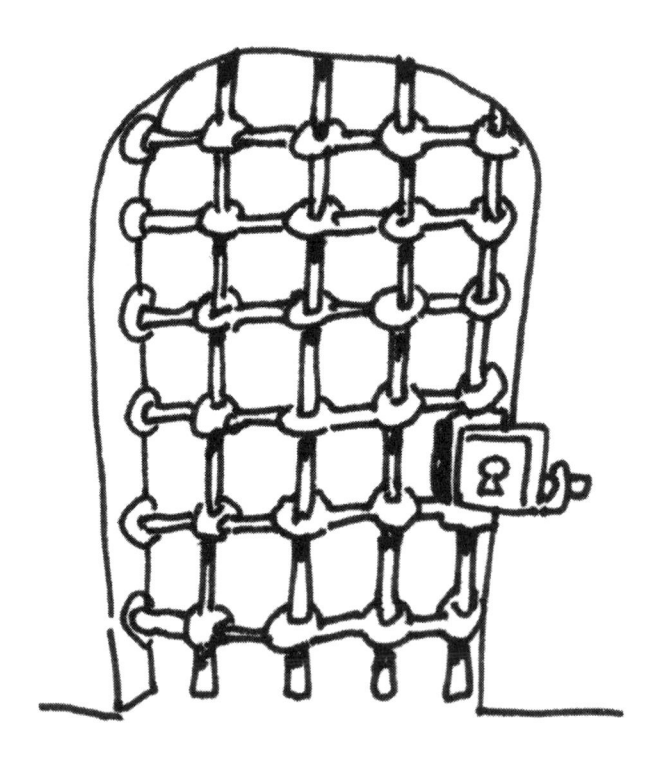

---

1. **de plein fouet** : brutalement.
2. **vous le dites exprès** : vous le dites avec une intention formelle.

ACTIVITÉS

En route les baladeurs

Écoutez attentivement l'enregistrement et choisissez la bonne solution.

"Mais bien sur..." (*dit – fit – fait*) Morand "ça y est, (*je compris – j'ai compris – je comprends*) ...". Il se lève d'un bond et appelle son collaborateur :

"Vite! Villard, suivez-moi"

Villard (*est abasourdi – n'est pas sourd – est assourdi*) et comme (*une tombe – un automate – un psychopathe*) il emboîte (*les pas – le pas – les parts*) du commissaire. Ils arrivent à la voiture de service :

"Mais (*à la fin – finalement – enfin*) chef, qu'est-ce qu'il y a? vous partez comme (*un fusible – un fossé – une fusée*) et vous ne me dites rien..."

"Je vous expliquerai en route, prenez le volant!"

"D'accord, mais (*vous allez où – pour aller où*)?"

"Au commissariat, bien sûr!"

Villard connaît son patron, (*pas moyen – le moyen – un moyen*) de le faire parler quand il (*n'a pas – en a pas – n'en a pas envie*). Il (*se contente – est content – n'est pas content*) simplement d'obéir. La (*scie reine – sereine – sirène de l'auto*) hurle et tous les gens se retournent à son passage.

A C T I V I T É S

Entre les lignes

1 Le commissaire Morand est en train d'interroger Julienne. Il met en route son magnétophone pour enregistrer sa déposition. Malheureusement, le magnétophone ne fonctionne pas bien et quand le commissaire écoute à nouveau l'enregistrement, il constate qu'il manque des passages.
Aidez-le à retrouver le sens de la déclaration de Julienne.

1. Julienne ne veut pas parler parce que ....
2. Elle clame de nouveau ....
3. Le soir du meurtre, elle a vu une voiture et c'était la voiture ....
4. Irène et Julienne se sont disputées parce que ....
5. À la nouvelle de la mort de Boris, Julienne ....
6. Julienne croit que le commissaire ....

Les réactions de Julienne.

2 Retrouvez dans ce chapitre les réactions qu'a la danseuse durant cet interrogatoire :

1. Quand le commissaire arrive à la cellule de Julienne, cette dernière est .... parce qu'elle ....
2. Elle répond .... donc elle est .... quand le commissaire l'appelle "Sainte-Nitouche".
3. Devant la violence verbale du commissaire, elle est d'abord .... puis elle devient plus .... parce qu'elle ....
4. Elle sait qu'elle a été trop .... quand elle a prononcé le nom de Boris.
5. Puis elle hésite donc elle n'est pas très ....
6. Quand elle dit : "Je vous jure que ce n'est pas moi!!" le ton qu'elle utilise est ....
7. Quand le commissaire lui annonce la mort de Boris, elle est ....

ACTIVITÉS

S.O.S. grammaire

1 Relevez dans ce chapitre tous les participes passés des verbes conjugués avec l'auxiliaire "avoir". Puis expliquez l'accord s'il y en a un et classez-les dans les colonnes :

Participes passés accordés	Participes passés sans accord
cette apparition l'a troublée	*j'ai compris*

L'accord du participe passé d'un verbe conjugué avec l'auxiliaire avoir

- Le participe passé d'un verbe conjugué avec l'auxiliaire **avoir** s'accorde en genre et en nombre avec le **complément d'objet direct** si celui-ci est placé **devant le verbe**.

    cette apparition l'a troublée.

- Il peut y avoir un complément d'objet direct placé devant le verbe si celui-ci est exprimé sous forme de pronom (relatif - personnel) ou lorsqu'il y a une forme exclamative ou interrogative.

- Attention, s'il y a le pronom à valeur adverbiale **en**, généralement le participe passé reste invariable.

    J'ai des preuves contre Julienne et j'en ai trouvé contre Schneider.

ACTIVITÉS

2 Remplacez les mots en gras par un pronom personnel et faites l'accord si nécessaire :

1. Julienne jure qu'elle n'a pas tué **Irène**.
2. Le commissaire a interrogé **Julienne** dans sa cellule.
3. Le commissaire n'avait pas vu **les coupables** parce qu'il était resté chez lui.
4. Le commissaire avait oublié **ses documents** à la maison et il savait qu'ainsi il lui serait difficile de travailler.
5. Si l'apparition du commissaire n'avait pas troublé **Julienne** probablement elle n'aurait pas parlé.
6. Elle avait prononcé **les mots qu'elle aurait dû taire**.
7. Ils avaient entendu **les déclarations que les coupables avaient faites**.
8. Le commissaire avait lu **les articles de son collègue** mais il n'avait pas compris **ces derniers**.
9. Il avait découvert **ces preuves** quand il était arrivé à son bureau.
10. Boris a peut-être supprimé **Irène**.

3 Construisez des phrases au plus-que-parfait avec le pronom relatif QUE, attention à l'accord!

preuves - commissaire - trouver - enquête
Voici les preuves que le commissaire avait trouvées durant son enquête.

1. Cadavres – Boris – découvrir – forêt
   ....
2. Indices – avocat – cacher – armoire
   ....
3. Version – commissaire – entendre – parloir
   ....
4. Jeune fille – monstre – assassiner – chambre
   ....
5. Faits – journaliste – signaler – Le Monde
   ....
6. Billets – Irène – écrire – feuilles de papier
   ....
7. Mots – Julienne – prononcer
   ....

ACTIVITÉS

8. Voiture – Julienne – voir – rue
....
9. Déclaration – Julienne – faire – commissaire
....

Des mots toujours des mots

1 **Retrouvez les substantifs qui appartiennent au même champ sémantique que les verbes suivants :**

troubler – hésiter – se disputer – signaler – accuser – expliquer – attendre – assassiner – témoigner

Puis complétez le texte qui suit avec les mots que vous aurez trouvés :

.... à la Tour Eiffel.

Hier, à quatorze heures, un féroce .... a eu lieu au premier étage de la Tour Eiffel. Les témoins de l'affaire ont tous donné des .... qui sont assez divergentes. L'un d'entre eux, M. Belin nous présente son .... :
"J'étais euh... oui j'étais avec ma femme, nous faisions la queue pour payer des cartes postales... euh" M. Belin a un moment d'................, il est ému de parler devant les caméras. Il reprend :"L'................ était longue, nous étions un peu énervés parce qu'il faisait chaud et que le caissier n'était pas très rapide. Tout à coup, des gens ont commencé à s'insulter. La .... a dégénéré."
"Non, " intervient un autre monsieur, "Ce n'est pas comme cela que ça s'est passé, je suis convaincu qu'il ne s'agit pas d'un accident mais d'un .... Je peux même vous donner le .... du meurtrier : il était assez grand, fort avec des cheveux coupés en brosse. Et il avait un poignard."
Cette déclaration naturellement a semé le .... au commissariat car l'................ faite par ce témoin change complètement la version des faits.

A C T I V I T É S

2 Charades plus complexes

*Mon premier sépare des champs
Mon deuxième est la vingtième lettre de l'alphabet
C'est avec mon troisième que les oiseaux volent
Mon quatrième est le contraire d'innocent*
Mon tout est la question que le commissaire se pose
haie + T + aile + coupable = est-elle coupable?

1. Mon premier est le nom de l'héroïne de cette histoire
   Mon deuxième est le contraire de "détestait"
   Mon troisième est un prénom masculin, présent dans ce chapitre
   Mon tout est la cause de la dispute entre les deux rivales qui sont présentes dans l'histoire

2. Mon premier est un article défini singulier devant un nom qui commence par une voyelle
   Mon deuxième défend les gens au tribunal
   Mon troisième sépare les champs
   Mon quatrième signifie bizarre
   Mon tout est une constatation faite après la lecture de ce récit

3. Mon premier est le nom du danseur dont est amoureuse Julienne
   Mon deuxième est la première lettre de l'alphabet
   Mon troisième est une saison de l'année
   Mon quatrième est un synonyme de "tué"
   Mon tout complique l'intrigue

À vos plumes, prêts, partez!

1 Que pouvait bien avoir assuré Maître Schneider à Julienne?
Vous êtes complètement libres de terminer cette histoire comme bon vous semble. N'oubliez pas que tout doit être absolument plausible, qu'il ne faut pas négliger les indices qui ont été donnés au cours de l'enquête menée par le commissaire Morand!

ACTIVITÉS

Devenez écrivain

2 Écrivez un dialogue entre deux personnages : l'un est timide, il hésite; l'autre est autoritaire, il utilise un ton arrogant voire même méprisant. Comment le rédiger?

1. Choisissez la position sociale des deux personnages :
   - *l'un est patron*   *l'autre employé*
   - *l'un est professeur* *l'autre élève*
   - *l'un est le père*   *l'autre le fils*

2. Retrouvez ce qui caractérise un ton autoritaire :
   - des verbes comme :
     exiger, demander, il faut que, il est important que, il est inutile que, il n'est pas du tout possible, il est impensable que, il est interdit que, il est interdit de...
   - des substantifs comme :
     le devoir, l'importance, la nécessité, la position, la conscience (professionnelle ou non), l'interdiction
   - choix du temps et du mode des verbes :
     utilisez surtout l'*impératif* et le *subjonctif* quand il y a des verbes qui l'exigent
   - choix de la ponctuation :
     surtout *les points d'exclamation* qui expriment la colère, l'indignation etc...

3. Retrouvez ce qui caractérise au contraire un ton hésitant.
   - des verbes comme :
     vouloir au conditionnel, aimer au conditionnel
   - des expressions comme :
     "si c'est possible" etc.
   - des substantifs selon la circonstance choisie :
     une augmentation pour l'employé ou bien *des congés supplémentaires* etc.
   - *des points de suspension* sont nécessaires ou bien des *"euh..."* qui marquent le manque d'assurance etc.

4. Choisissez avant de commencer à rédiger votre dialogue la conclusion de votre histoire.

5. À vos plumes!!!

Chapitre 10
La vérité éclate

MAÎTRE Schneider, quoi? continuez, continuez, cela devient très intéressant.

– Maître Schneider, mon avocat, m'avait assurée que tout s'arrangerait, qu'il me tirerait d'affaire, que je deviendrais la plus grande danseuse étoile et que Boris serait mon partenaire.

– Et vous l'avez cru?

– Pourquoi n'aurais-je pas dû le croire?

– Tout d'abord parce qu'il était amoureux fou de vous.

– C'est vrai, mais il a toujours respecté mon choix. Il a aidé Boris quand il était en prison et n'a rien voulu en échange [1]...

– Vous le croyez vraiment? oui, croyez-vous qu'il ait pu aider

---

1. **en échange** : en retour.

La vérité éclate

Boris par amour pour vous?

– Il existe des personnes qui sont nobles et qui savent donner, Maître Schneider fait partie de celles-là...

– Je me demande parfois si vous êtes vraiment naïve ou si c'est un rôle que vous jouez pour m'attendrir. Au fait, devinez ce qu'on a découvert à l'hôpital? Vous donnez votre langue au chat [1]? Allez, je ne vais pas vous faire languir plus longtemps : dans un couloir, à côté de la pièce où se trouvait Boris, j'ai ramassé par terre un mégot qui m'en a dit long, c'était celui d'une cigarette d'une marque anglaise coûteuse, à l'odeur douceâtre. Cela vous dit quelque chose?

– Non ce n'est pas possible, cela ne peut être lui...

– Lui qui? j'aimerais vous l'entendre dire!

– Il ne peut pas l'avoir tué, il ne peut pas avoir assassiné l'homme que j'aime..."

Julienne devient très pâle, elle est sur le point de s'évanouir. On lit sur son visage les marques de la souffrance.

Elle hésite avant de continuer. La révélation faite par le commissaire l'a surprise. Tout son univers est en train de s'écrouler[2] car l'homme en qui elle avait confiance s'est révélé l'être le plus odieux du monde. Des larmes coulent de ses yeux, elle vit un cauchemar, elle a l'impression de suffoquer.

Elle se remet à parler tout doucement.

"Maintenant que Boris est mort, plus rien n'a d'importance. La danse, le public, ses applaudissements ce n'était fondamental que lorsque Boris pouvait partager ma joie. Maintenant, tout cela est fini. À quoi bon continuer à mentir. C'est moi... c'est moi qui

---

1. **donner sa langue au chat** : on le dit à propos d'une devinette qu'on n'arrive pas à résoudre. On demande alors la solution.
2. **s'écrouler** : tomber en morceaux.

ai tué Irène, mais c'était un accident, on s'est disputées à cause de Boris, on s'est battues, elle est tombée sur le bord de la table en verre et elle est morte. Maître Schneider est venu pour me défendre, je lui ai dit la vérité, il m'a demandé de ne faire aucune confession, il m'a dit que cela marquerait la fin de ma carrière. Il m'a assuré que tout rentrerait dans l'ordre. Selon lui, je ne devais pas me préoccuper car il avait un suspect idéal sous la main, je ne pouvais deviner qu'il s'agissait de Boris. Et toutes ses promesses, ce n'était que du vent[1]...

– En effet, il avait bien calculé son coup : sur Genève, il n'y a que deux Bugatti rouges? L'une appartient à Schneider, l'autre était à Boris...

– Oui, je comprends tout, je comprends pourquoi il avait tellement insisté pour que je donne la marque de la voiture, il avait sûrement un alibi, et il ne restait que Boris.

– En effet, il avait un alibi parfait : il était à Milan avec sa voiture.

– Mais pourquoi a-t-il tué Boris?

– Je crois que ce qu'il désirait avant tout, c'était de vous avoir à lui tout seul, il a un vrai profil de maniaque. Si je pense qu'il m'a persécuté avec sa fugue de Bach, le jour, la nuit, à toutes les heures, c'est vraiment un psychopathe [2]. Je suis convaincu qu'il devait être torturé par la jalousie. Dans le fond, la police n'a pas été assez rapide : on aurait dû arrêter immédiatement le deuxième suspect possédant une Bugatti rouge, c'est-à-dire Boris, c'est pourquoi son plan a en partie échoué. Enfin, il n'a

---

1. **ce n'était que du vent** : ce n'était que de vaines paroles.
2. **un psychopathe** : un malade mental.

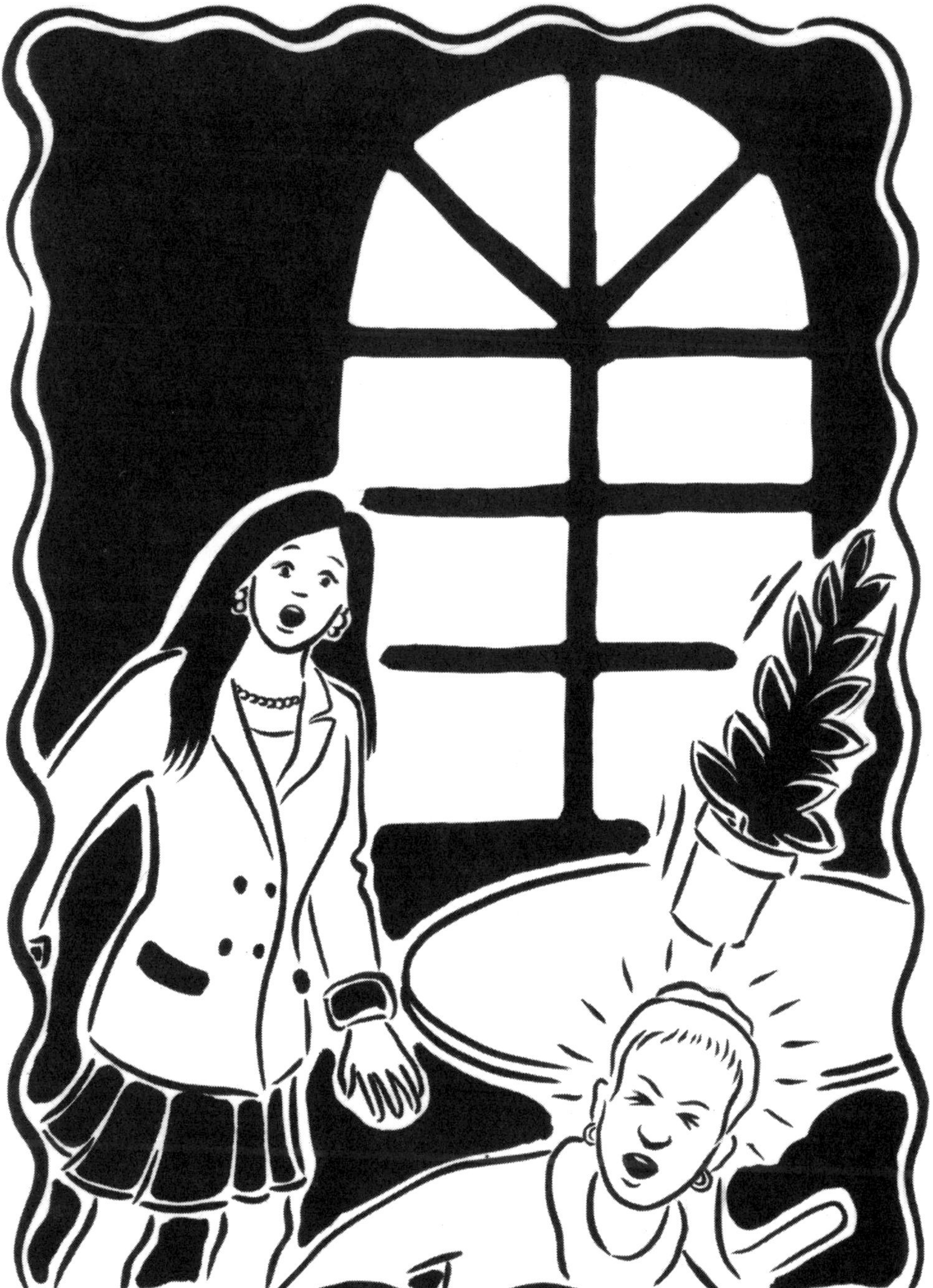

pas compté sur la peur qu'aurait Boris d'être découvert ni sur sa regrettable habitude de se droguer. Une fois son rival à l'hôpital, cela devenait très dangereux pour vous et pour lui. La parole d'un malade a plus de poids. Il fallait donc l'éliminer car il aurait pu parler, nous donner des indices, nous mettre sur la bonne piste."

Le désespoir de Julienne est visible.

"Commissaire, je vous assure que c'était un accident..." fait-elle d'une toute petite voix.

Morand, au fond de lui-même ressent un peu de pitié pour cette jeune fille qui n'a été que le jouet du destin.

"Écoutez, je ne suis pas juge, vous expliquerez toute votre histoire devant le tribunal, c'est à lui de décider... Et si c'est un accident, vous ne devez pas trop être inquiète... Villard, nous avons une petite visite à rendre à notre cher ami Schneider, en route, vous voulez bien..."

FIN

A C T I V I T É S

En route les baladeurs

Écoutez attentivement l'enregistrement et complétez le texte.

"Maître Schneider, ...? continuez, continuez, ...
devient très intéressant.
– .... Schneider, ... avocat, m'avait assuré que tout
..................., qu'il me .... d'affaire, que je .... la plus
grande danseuse .... et que Boris serait mon ....
– Et vous .... avez cru?
– Pourquoi n'aurais-je pas .... le ....?
– Tout .... parce qu'il était amoureux .... de vous.
– C'est vrai, mais il a toujours .... mon choix. Il a ....
Boris quand il était en .... et n'a rien voulu en ....
– Vous le croyez ....? oui, croyez-vous qu'il .... pu aider
Boris par amour pour vous?
– .... existe des personnes qui sont .... et qui savent
donner, Maître Schneider fait .... de celles-là..."

Entre les lignes

Enquête et voyance

1 Mme Esperanza est une très célèbre voyante, elle sait lire dans la boule de cristal, interpréter les tarots et les rêves.
Le commissaire Morand qui est allé la consulter lui pose des questions pour son enquête. Répondez à la place de la voyante.

Le commissaire : après l'arrestation de Julienne comment se comportera son avocat?
Mme Esperanza : ....
Le commissaire : Est-il vrai qu'il a aidé Boris?
Mme Esperanza : ....

115

A C T I V I T É S

Le commissaire : Pourquoi l'a-t-il fait?

Mme Esperanza : ....

Le commissaire : Est-ce que Julienne devinera qui fume les cigarettes anglaises?

Mme Esperanza : ....

Le commissaire : Comment réagira Julienne?

Mme Esperanza : ....

Le commissaire : Est-ce qu'elle confessera tout?

Mme Esperanza : ....

Le commissaire : Pourquoi Maître Schneider a-t-il insisté pour que Julienne donne la marque de la voiture qui se trouvait devant l'appartement d'Irène?

Mme Esperanza : ....

Le commissaire : Alors, pourquoi Maître Schneider a tué Boris?

Mme Esperanza : ....

Le commissaire : Est-ce que Julienne a assassiné Irène avec préméditation?

Mme Esperanza : ....

Les réactions de Julienne.

2 Complétez les phrases suivantes :

1. Elle croit aveuglément à son avocat, elle est donc ....
2. Lorsqu'elle s'exclame : "Non, ce n'est pas possible!" le ton qu'elle utilise est celui de ....
3. Julienne devient très pâle, elle se sent ....
4. La confiance qu'elle avait en cet homme est en train ....
5. Quand elle dit : "À quoi bon!" elle est ....
6. Dans sa question : "pourquoi a-t-il tué Boris?" il y a un ton ....
7. À la fin de l'interrogatoire, Julienne est ....

A C T I V I T É S

S.O.S. grammaire

Les discours direct et indirect

- Pour raconter des faits, on doit le plus souvent utiliser le discours **indirect**, mais on peut aussi dans un récit alterner les discours **direct** et **indirect** :

    Julienne se remet à parler doucement : "Maintenant que Boris est mort, plus rien n'a d'importance."

    On aurait pu tout aussi bien dire :

    Julienne se remet à parler doucement et elle dit que puisque Boris est mort, plus rien n'est important pour elle.

- Le temps du verbe de la subordonnée dépend du verbe de la principale :

    Discours direct   *Julienne se remet à parler : "Maintenant que Boris est mort, plus rien n'a d'importance"*

    Discours indirect *Julienne se remet à parler, elle **assura** que puisque Boris **était** mort, plus rien **n'avait** d'importance pour elle.*

- Si nous avons des questions, il faut les introduire avec les verbes : **demander**, ou **se demander**, **ne pas savoir**... suivis de la conjonction si :

    (C'est le commissaire qui parle) : "Et vous l'avez cru?"

    Le commissaire demande si Julienne l'a cru.

- Après les questions indirectes il n'y a pas de subjonctif.

    Le commissaire se demande si Julienne est naïve et pourquoi elle a cru aveuglément son avocat.

ACTIVITÉS

1 Retrouvez dans ce chapitre les discours directs et indirects et classez-les dans les colonnes :

Discours direct	Discours indirect

2 Reporter au discours indirect le début de ce chapitre jusqu'à "[...] Maître Schneider fait partie de celles-là [...]".

Le commissaire, intrigué par l'affirmation de Julienne à propos de Maître Schneider demande à celle-ci de continuer parce que cela devient très intéressant pour lui....

3 Conjuguez les verbes entre parenthèses au temps qu'il convient : attention revoyez le chapitre 4 – futur du passé –

1. Julienne lui demanda si son avocat (être impliqué) .... dans cette affaire.
2. Le commissaire voulut savoir si Julienne (cacher) .... la vérité.
3. Maître Schneider avait affirmé qu'il (défendre) .... Julienne quoi qu'il arrive.
4. Il lui avait assuré qu'il la (tirer) .... d'affaire.
5. Elle voulut savoir pourquoi il l' (assassiner) ....
6. Elle avait deviné qu'il (partir) .... à Milan.
7. Julienne a assuré au commissaire qu'il (s'agir) .... d'un accident.
8. Le commissaire demanda à Julienne si elle (être) .... naïve ou si elle (jouer) .... un rôle pour l'attendrir.
9. Il ne savait pas si Julienne (dire) .... la vérité.

Des mots toujours des mots

1 Que veut dire...?

1. *Tirer d'affaire :*
   a. sortir du pétrin
   b. enfoncer
   c. négliger
2. *Elle est naïve :*
   a. elle est innocente
   b. elle est coupable
   c. elle est ingénue
3. *Faire languir :*
   a. faire attendre avec impatience
   b. faire sortir la langue
   c. faire mourir
4. *Ramasser :*
   a. amasser de nouveau
   b. faire une masse
   c. prendre par terre
5. *S'écrouler :*
   a. couler selon un parcours donné
   b. emprisonner
   c. s'affaisser
6. *Suffoquer :*
   a. souffler comme un phoque
   b. étouffer
   c. se suicider
7. *Bien calculer son coup :*
   a. tout établir pour obtenir une réussite
   b. mesurer ses distances
   c. chiffrer ses dépenses

2 Ne nous croisons pas les bras pour les mots croisés

VERTICAL

1 Maître Schneider a assuré à Julienne que tout ... dans l'ordre.
2 Participe passé du verbe être – Pronom personnel sujet masculin – La Corse en est une.
3 Impératif du verbe aller à la deuxième personne – Société Lyonnaise – adj. possessif pluriel.
4 Désinence du verbe feindre à la troisième personne du singulier au présent de l'indicatif – On dit souvent qu'ils sont chauds.
5 Article défini masculin singulier – Préfixe pour marquer une répétition.
6 On la passe dans les journaux et elle est petite – Article défini féminin singulier.

ACTIVITÉS

7 Tout Terrain. Pronom personnel indéfini sujet.
8 Verbe avoir dans sa forme minimale.
9 On le dit pour répondre affirmativement. Ante Meridium – Cela arrive à un pantalon quand on le met trop souvent.
10 Votre professeur vous la met quand il vous interroge – Point cardinal.

HORIZONTAL

A Une énigme policière se termine toujours par elle.
B Verbe être à l'imparfait de l'indicatif, 3° personne du pluriel – Duo sans D.
C Terme de négation – Subjonctif présent du verbe avoir à la troisième personne.
D Adverbe de quantité.
E Si je lis une histoire drôle, je le fais – Préposition de lieu que l'on utilise devant les noms de pays féminins.
F Pronom personnel sujet troisième personne du singulier – On l'utilise dans une comparaison.
G Même préposition que dans E.
H Il est difficile de le faire quand la personne concernée éprouve des sentiments envers quelqu'un d'autre – Verbe avoir, passé simple, troisième personne du singulier.
I Étendues de terre entourées de mer.
J Adjectif possessif pluriel, deuxième personne du singulier – C'est en tombant sur elle qu'Irène s'est tuée.

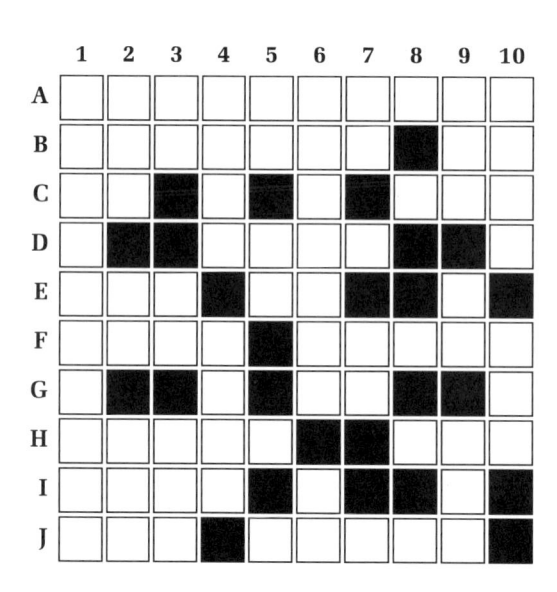

ACTIVITÉS

À vos plumes, prêts, partez!

1 Trouvez à l'énigme policière "La fugue de Bach" une autre fin.

1. Boris était effectivement l'assassin d'Irène.
   Quelques indications :
   - le commissaire Morand retrouve dans la chambre de celui-ci une lettre où il explique son acte
   - Boris meurt à l'hôpital sans sortir du coma
   - Julienne est lavée de tout soupçon et elle est libérée
2. Maître Schneider est l'assassin de Boris mais aussi celui d'Irène.
   Quelques indications :
   - le Boss milanais Di Benedetto se rétracte et change sa déposition
   - le billet de l'autoroute n'indique pas le numéro d'immatriculation de la voiture qui a voyagé, donc l'alibi de l'avocat n'est pas valable
   - Maître Schneider est arrêté, Julienne est libérée

Devenez écrivain

2 Très souvent la police utilise des médiums pour ses enquêtes. Inventez une énigme policière où les dons d'une personne servent à trouver la vérité.

Tout d'abord :
1. Choisissez le médium :
   S'agit-il d'un homme? d'une femme? d'un enfant?
2. Choisissez la personne qui mène l'enquête : Il s'agit du médium lui-même – Il s'agit d'un policier – Il s'agit d'un journaliste …
3. Choisissez la (les) victime(s) : C'est une femme (ce sont des femmes) – un homme (des hommes) – un enfant (des enfants)
4. Choisissez le mobile : Pourquoi a-t-on tué cette personne (ces personnes)?
   elle a assisté (elles ont assisté) à un meurtre / on voulait voler son (leur) argent / on l'a tuée (on les a tuées) par jalousie / c'est un maniaque qui l'a tuée (les a tuées)
5. Choisissez l'assassin :
   Après avoir choisi le mobile, établissez un portrait de l'assassin
6. Choisissez les indices qui porteront la personne qui mène l'enquête à l'assassin : Hallucinations du médium / Objets laissés par l'assassin

Alors, vous avez compris? à vous de jouer…

Solutions des jeux et tests

Chapitre 1

Charades :
1. A – BANC – DONNER = abandonner
2. BOUT – QUAIS = un bouquet
3. SCIE – LENT – CIEUX = silencieux
4. SOUS – FRANC – CE = souffrance
5. CHAUD – SON = chaussons
6. POUX – VOIR = pouvoir

Mots croisés :

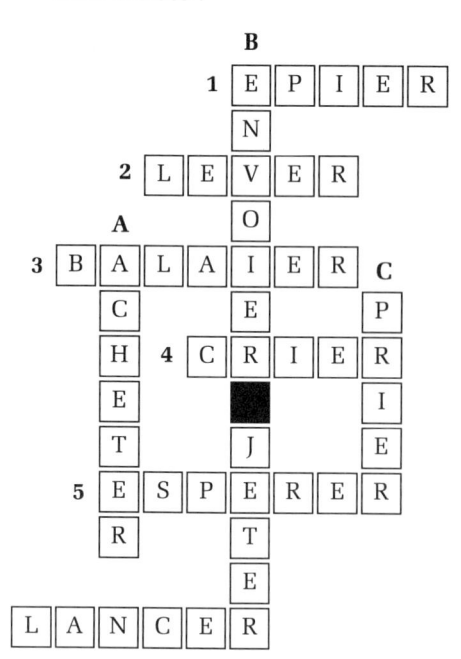

```
              B
         1 E P I E R
             N
         2 L E V E R
      A      O
   3 B A L A I E R   C
       C     E       P
       H   4 C R I E R
       E     ■       I
       T     J       E
     5 E S P E R E R
       R     T
             E
   6 L A N C E R
```

Chapitre 2

Test :
les points que vous avez obtenus
1 : A-1, B-2, C-0, D-3
2 : A-0, B-1, C-3, D-2
3 : A-2, B-1, C-3, D-0
4 : A-0, B-2, C-3, D-1
5 : A-2, B-3, C-0, D-1
6 : A-2, B-0, C-1, D-3

Si vous avez obtenu de 0 à 4 points :

Vous avez tendance à vous contenter de n'importe quoi. Vous êtes parfois crédule et un peu trop enclin à la colère. Vous devriez fréquenter un cours de Yoga afin de mieux vous contrôler et lire davantage, cela vous ferait connaître de plus amples horizons. Mais, ne vous découragez pas, même si votre situation est assez "dramatique", elle n'est pas désespérée.

Si vous avez obtenu de 5 à 9 points :

Il y a encore des progrès à fournir. Vous n'avez pas fait le tour des problèmes. Il faudrait que vous vous enrichissiez de nouvelles expériences. Mais rassurez-vous, vous êtes sur le

SOLUTIONS

bon chemin car vous avez des qualités qu'il faudra bien entendu exploiter. Bon courage !

Si vous avez obtenu de 10 à 14 points :
Vous êtes équilibré(e), vous réfléchissez avant d'agir et vous avez certainement une culture générale assez étendue. Vous aimez le contact des autres, c'est pourquoi vous savez vous entourer d'amis qui apprécient vos conseils. Vous êtes prêts à faire toujours de nouvelles expériences, on vous aime et vous savez aimer. Ne vous arrêtez pas en si bon chemin, l'avenir vous réserve encore de nombreuses surprises.

Si vous avez obtenu de 15 à 18 points :
Vous avez tendance à tout voir sans nuance, le gris n'existe pas pour vous : tout est noir ou blanc. Pas de demi-mesure ! Vous êtes parfois un peu trop idéaliste, et vous êtes victime de votre sensibilité. Il s'agit certainement d'une bonne qualité, mais quand celle-ci est exaspérée, on peut se réduire à l'incapacité d'aider son prochain. Ecoutez mon conseil, réfléchissez moins sur le malheur d'autrui, en compatissant trop, on finit pas s'investir complètement

dans la souffrance de l'autre sans pour autant l'aider. Profitez un peu plus de la vie parce qu'elle est belle !

Chapitre 3

Mots croisés :

	1	2	3	4	5	6	7	8
A	C	A	R	R	I	E	R	E
B	A	■	I	■	R	I	E	N
C	S	I	O	E	E	N	■	■
D	■	B	I	E	N	S	■	E
E	T	I	C	■	E	T	A	T
F	■	S	U	E	■	E	V	A
G	T	■	L	■	M	I	■	P
H	A	■	E	N	■	N	U	E

Chapitre 4

Mots croisés :

	1	2	3	4	5	6	7	8
A	B	U	G	A	T	T	I	■
B	U	S	A	■	R	O	■	A
C	T	E	R	M	I	N	E	R
D	■	S	A	■	E	■	N	R
E	C	■	G	■	■	V	■	I
F	V	I	E	N	N	E	■	V
G	■	L	■	I	■	N	U	E
H	R	E	G	A	R	D	E	R

SOLUTIONS

Test : comment calculer le nombre de points obtenus.

À chaque réponse correspond un score, vous additionnez le tout, puis vous lisez le résultat correspondant au nombre de points obtenus :
1. a :0 - b :2 - c :3 - d :1
4. a :3 - b :2 - c :1 - d :0
2. a :1 - b :3 - c :0 - d :2
5. a :0 - b :2 - c :3 - d :1
3. a :3 - b :3 - c :0 - d :2
6. a :2 - b :3 - c :1 - d :0

Si vous avez obtenu de 0 à 4 points :

C'est bien de ne pas tomber dans les pièges que vos amis vous tendent, mais attention, si vous continuez dans cette voie, vous risquez de devenir cynique. Vous ne croyez à rien, pour vous il n'existe que ce que vous pouvez vous-même vérifier; vous êtes comme Saint-Thomas. Le monde est aussi fait de surprises, il n'est pas dit que tout ce qui semble incroyable n'appartient qu'aux rêves!

Si vous avez obtenu de 5 à 10 points :

Vous êtes généralement très rationnel, vous appartenez à la catégorie des gens qui ont les pieds bien sur terre. Vous risquez parfois d'être un peu trop ancré dans la réalité, il faut vous laisser aussi guider par l'instinct. Votre méfiance est souvent justifiée, mais attention parfois vous passez à côté d'occasions qui ne se répéteront plus. Ouvrez-vous davantage aux autres, ils vous récompenseront amplement par leur amitié, même s'ils ont souvent l'habitude de plaisanter.

Si vous avez obtenu de 11 à 14 points :

Le monde pour vous est fait de nouveautés et de plaisirs inattendus. Tout prétexte est bon pour vous amuser de petites choses et d'imprévus. Vous êtes de nature agréable, vous avez un sens de l'amitié qui est touchant et vous êtes généreux avec ceux qui vous entourent. Mais, vous avez tendance à croire un peu trop vos amis : attention, cela peut vous jouer des tours!

Si vous avez obtenu de 15 à 18 points :

Alors, là!!! on vous ferait croire que le monde a été créé en 24 heures. Vous gobez tout ce qu'on vous dit. Vous êtes bien trop confiant, et ce trait de votre caractère n'est pas toujours positif. Les autres peuvent profiter de votre crédulité et s'amuser à vos dépens. Méfiez-

SOLUTIONS

vous. Faites-vous conseiller par vos meilleurs amis. Essayez d'analyser d'abord ce qu'on vous dit, puis agissez en conséquence. Un autre conseil de grand-mère : tournez votre langue sept fois dans votre bouche avant de parler!

Chapitre 5

Sens caché :

1b - 2a - 3b - 4a - 5c - 6c - 7a

Chapitre 6

Chassez l'intrus :

1. *Appartement*, parce qu'il ne s'agit pas d'une habitation isolée.
2. *Briquet*, parce qu'il ne fait pas partie du champ lexical de la cigarette même si on s'en sert pour l'allumer.
3. *Fuite*, parce que ce mot ne fait pas partie du champ lexical de la musique.
4. *Eau de vie*, parce que ce n'est pas un parfum.
5. *Déjouer*, parce que c'est le contraire de tous les autres verbes.

Chapitre 7

Mots croisés :

	1	2	3	4	5	6	7	8
A	S	O	U	V	E	N	T	■
B	E	N	T	A	M	E	E	■
C	N	■	I	L	■	E	S	T
D	S	A	L	I	E	S	■	U
E	I	■	I	S	■	■	N	E
F	B	■	S	E	U	L	■	E
G	L	I	E	■	S	■	A	S
H	E	T	E	■	A	H	■	■

Charades :

1. RUE – ELLE = ruelle
2. RE – PONDRE = répondre
3. COU – LOIR = couloir
4. GLAS – SES = glacées
5. VEAU – LENT = volant

Devinettes :

1. signer
2. louche
3. la solution
4. le coma
5. des conseils

SOLUTIONS

Chapitre 8

Mots valises :

1. *personner* : (personne et sonner) lorsque personne ne sonne à la porte
2. *endormiracle* : (endormir et miracle) un miracle qui permet de s'endormir
3. *un cauchemarché* : (un cauchemar et un marché) un marché où il est très difficile d'acheter quoi que ce soit et y rester ressemble à un véritable cauchemar.
4. *une rechercheminée* : (une recherche - une cheminée) une exploration dans une cheminée
5. *une idécision* : (une idée - une décision) une décision qui naît à partir d'une idée.
6. *une marquestion* : (une marque - une question) une question qui laisse son signe.
7. *un mégocher* : (un mégot - un gaucher) un mégot de cigarette fumé par un gaucher.

Des expressions :

1b - 2c - 3b - 4a - 5a - 6c - 7a - 8c

Chapitre 9

Charades :

1. JULIENNE AIMAIT BORIS
2. L' – AVOCAT – HAIE – ETRANGE : l'avocat est étrange
3. BORIS – A – ETE – ASSASSINE

Chapitre 10

Que veut dire... :

1a - 2c - 3a - 4c - 5c - 6b - 7a

Mots croisés :

	1	2	3	4	5	6	7	8	9	10
A	R	E	V	E	L	A	T	I	O	N
B	E	T	A	I	E	N	T	■	U	O
C	N	E	■	N	■	N	■	A	I	T
D	T	■	■	T	R	O	P	■	■	E
E	R	I	S	■	E	N	■	■	A	■
F	E	L	L	E	■	C	O	M	M	E
G	R	■	■	T	■	E	N	■	■	S
H	A	I	M	E	R	■	■	E	U	T
I	I	L	E	S	■	L	■	■	S	■
J	T	E	S	■	T	A	B	L	E	■

NTC INTERMEDIATE FRENCH READING MATERIALS

Humor in French and English
French à la cartoon

High-Interest Readers
Suspense en Europe Series
  Mort à Paris
  Crime sur la Côte d'Azur
  Evasion en Suisse
  Aventure à Bordeaux
  Mystère à Amboise
Les Aventures canadiennes Series
  Poursuite à Québec
  Mystère à Toronto
  Danger dans les Rocheuses
Monsieur Maurice Mystery Series
  L'affaire des trois coupables
  L'affaire du cadavre vivant
  L'affaire des tableaux volés
  L'affaire québécoise
  L'affaire de la Comtesse enragée
Les Aventures de Pierre et de
Bernard Series
  Le collier africain
  Le crâne volé
  Les contrebandiers
  Le trésor des pirates
  Le Grand Prix
  Les assassins du Nord

Intermediate Cultural History
Un coup d'oeil sur la France

Contemporary Culture in English
The French-Speaking World
Christmas in France
Focus on France
Focus on Belgium
Focus on Switzerland
Life in a French Town

Graded Readers
Petits contes sympathiques
Contes sympathiques

Adapted Classic Literature
Le bourgeois gentilhomme
Les trois mousquetaires
Le comte de Monte-Cristo
Candide ou l'optimisme
Colomba
Contes romanesques
Six contes de Maupassant
Pot-pourri de littérature française
Comédies célèbres
Cinq petites comédies
Trois comédies de Courteline
The Comedies of Molière
Le voyage de Monsieur Perrichon

Adventure Stories
Les aventures de Michel et de Julien
Le trident de Neptune
L'araignée
La vallée propre
La drôle d'équipe Series
  La drôle d'équipe
  Les pique-niqueurs
  L'invasion de la Normandie
  Joyeux Noël
Uncle Charles Series
  Allons à Paris!
  Allons en Bretagne!

Print Media Reader
Direct from France

For further information or a current catalog, write:
National Textbook Company
a division of *NTC Publishing Group*
4255 West Touhy Avenue
Lincolnwood, Illinois 60646-1975 U.S.A.

Read & Practice in French

Susanna Longo
Régine Boutégège

La Fugue de Bach

Answer Key

Intermediate

Copyright © 1995 by National Textbook Company,
a division of NTC Publishing Group,
4255 West Touhy Avenue, Lincolnwood (Chicago),
Illinois 60646-1975 U.S.A.
All rights reserved. No part of this book may
be reproduced, stored in a retrieval system, or
transmitted in any form or by any means, electronic,
mechanical, photocopying, recording, or otherwise,
without the prior permission of NTC Publishing Group.
Manufactured in the United States of America.

4 5 6 7 8 9 PP 9 8 7 6 5 4 3 2 1

LA FUGUE DE BACH*

Chapitre 1 UNE ETOILE EST NEE

En route les baladeurs

Genève est triste en automne. Des *barques* abandonnées flottent sur le *lac* désert alors que le ciel plombé pèse *inlassablement* sur les ruelles de la vieille ville. Le vent se lève petit à petit, balayant par endroits les *feuilles* mortes. L'été semble *loin*, loin de tout, loin de cette ville. Julienne redresse la tête, elle aperçoit des pigeons qui *cherchent* un abri. Une rafale s'engouffre dans sa longue robe de *soirée*. Elle frissonne, elle met son châle sur ses épaules. Pourtant, la *tristesse* du spectacle qui s'offre à ses yeux n'a sur elle aucun *pouvoir*; elle sait qu'elle est heureuse, qu'elle a réussi et que son rêve s'est enfin réalisé. Ses longs cheveux noirs flottent comme un *voile* autour de son visage radieux, alors que ses yeux agrandis par le *bonheur* jettent de vives étincelles. Elle voudrait communiquer son enchantement au monde entier. Au monde entier, et à Boris, désormais son partenaire dans la vie et sur la scène.

Entre les lignes

1. Genève; lac
2. du vent; l'automne
3. danseuse; a réussi
4. danser; Irène Pavlovich
5. content; est devenu enthousiaste
6. nerveuse; inquiète
7. une cassette d'une fugue de Bach
8. gracieuse, radieuse, belle
9. jalouses
10. assassiné Irène Pavlovich

S.O.S. grammaire

1

A. pèse; se lève; a racheté; espérant
B. pas de réponse
C. avait annoncé; lancer
D. balayant; a envoyé
E. vais
F. épiait; jettent; prie

2

1. balaiera
2. ont annoncées
3. peser
4. achète
5. a lancé
6. espères
7. jetons, jetons
8. envoie
9. crier
10. s'était, levé
11. priions

*Les solutions de tous les jeux et tests se trouvent aux pages 122–125 du roman.

3
1. au présent, au passé, au futur
2. au début, à la fin
3. au milieu du récit
4. qui s'est déjà déroulé
5. un retour en arrière
6. expliquer pourquoi Julienne est heureuse
7. actualiser le passé

Des mots, toujours des mots

1

spectacle; succès; salle; danser; parterre; rideau; coulisse; danseuse étoile; chaussons; pas de danse; danseurs; scène; admirateur; ballerine; public; enthousiasme; ovation; musique.

rideau; musique; parterre; danseurs; scène; public; rideau; coulisses; pas; public; enthousiasme; ovation; danse; scène; œuvre d'art

Charades

1. bout + quai = bouquet
2. scie + lent + cieux = silencieux
3. sous + franc + ce = souffrance
4. chaud + son = chausson
5. pou + voir = pouvoir

Ne vous croisez pas les bras pour les mots croisés

1. épier
2. lever
3. balayer

A. acheter
B. envoyer; jeter

4. crier
5. espérer
6. lancer

C. prier

À vos plumes, prêts, partez!

Réponses diverses.

Chapitre 2   ET MAINTENANT C'EST L'ENFER!

En route les baladeurs

"Drin, drin...
– *Allô*, oui, c'est le commissaire *Morand* à l'appareil. Comment! ça c'est *une* nouvelle! Je te *remercie* Dussolier, oui c'est ça. Salut, *à demain*! Ah! au fait, tu m'amènes ton rapport signé au bureau dans les *premières* heures de la matinée, ok!..."
"Et bien, Mlle Von Bretch, que dites-vous de cela? Il paraît qu'on a retrouvé des *cheveux*

sous les *ongles* de la morte, identiques aux vôtres. Je crois qu'il faut tout nous dire! Avec ou sans votre avocat...
– Drin, drin, drin...
– Allô, ici le *commissaire* Morand, allô qui est à l'appareil... allô... qui est là, bon Dieu!..."
De l'autre côté du fil, une musique, une inquiétante musique, une fugue de Bach...

Entre les lignes

– Mlle Von Bretch.
– Non.
– Elle attend son avocat.
– Elle veut parler à son avocat.
– Oui, on a retrouvé des cheveux identiques aux siens sous les ongles de la morte.
– Elle se mure dans un silence total.
– Si, j'aimerais me coucher et dormir.

S.O.S. grammaire

Réponses diverses.

2

1. depuis
2. pendant
3. Il y a
4. Depuis
5. pendant
6. pendant
7. Pendant
8. il y a
9. depuis
10. Il y a

3

Pendant; après; avant; pendant; Après; pendant; après; avant.

Des mots, toujours des mots

1

voleuse: voler
applaudissement: applaudir
dispute: se disputer

déception: décevoir
amour: être amoureux
danseuse: danser

À vos plumes, prêts, partez!

1

Réponses diverses.

2

Devenez écrivain

Moment: soirée; automne; toute la journée.

Lieu/ville: Genève, ville suisse située sur le Lac Léman (Lac de Genève); vieille ville avec des ruelles.

Lieu où se déroule l'interrogatoire: commissariat de police; il fait froid; un robinet goutte sans arrêt; le vent s'infiltre.

Action: lente.

Le rythme est souligné par certains verbes et la répétition de certains mots; sans arrêt; sans relâche; le temps ne passe plus; scande les minutes; une musique, une inquiétude musique.

Réponses diverses.

Chapitre 3   COUP DE THEATRE EN PRISON

En route les baladeurs

Le matin suivant, vers *dix heures* environ, Maître Schneider, l'avocat de Julienne Von Bretch *se présente* au commissariat. C'est un homme *élégant* d'une *quarantaine* d'années. Son visage porte les marques d'une vie *intense* et pleine de passions. A Genève, sa réputation est *solide*, il n'a jamais perdu un seul de ses *procès* et le barreau le craint car ses *plaidoiries* ne manquent pas de coups de théâtre. Il finit toujours par obtenir ce qu'il *veut*. Il a connu Julienne dans l'un de ces festivals de danse que seule Genève sait offrir.

Entre les lignes

Réponses diverses. Exemples:

- Non, rien en dehors du fait que l'on a retrouvé des cheveux de Julienne Von Bretch sous les ongles de la victime.
- Maître Schneider est l'avocat de Mademoiselle Von Bretch.
- Maître Schneider devra prouver qu'elle ne l'est pas.
- Oui, il l'a invitée plusieurs fois au concert.
- Oui, ils se sont rencontrés pendant deux heures.
- Mademoiselle Von Bretch et son avocat se sont parlés à voix basse pendant deux heures.
- Non. Nous poursuivons notre enquête…

S.O.S. grammaire

Même si on la déclare innocente,...; ...et si on décrète...; ...si vous donnez des détails...; ...même si je détestais Irène,...

1

1. n'aurait pas été accusée
2. il ne l'avait pas admirée
3. il ne serait pas allé au concert
4. ne se manifestera jamais
5. elle parle au commissaire
6. ne serait pas soupçonnée
7. ne la croirait pas coupable
8. son avocat ne l'avait pas poussée

2

1. Si Julienne tentait de s'évader, ce serait très difficile.
2. Si elle était plus gentille, cela n'aurait aucun effet.
3. Si elle pouvait dormir, le problème ne serait pas résolu.
4. On l'aurait accusé de corruption s'il avait payé le responsable.
5. Si elle avait tenté de séduire l'inspecteur, elle aurait perdu sa crédibilité.
6. Si elle avait fait semblant de tomber malade, on l'aurait traitée de menteuse.

Des mots, toujours des mots

1

a - b - b - a - c - a

2

Réponses diverses.

3

Ne croisons pas les bras pour les mots croisés

	1	2	3	4	5	6	7	8
A	C	A	R	R	I	E	R	E
B	A	-	I	-	R	I	E	N
C	S	I	D	E	E	N	-	-
D	-	B	I	E	N	S	-	E
E	T	I	C	-	E	T	A	T
F	-	S	U	E	-	E	V	A
G	T	-	L	-	M	I	-	P
H	A	-	E	N	-	N	U	E

À vos plumes, prêts, partez!

Réponses diverses.

Chapitre 4   LA MYSTERIEUSE BUGATTI ROUGE

En route les baladeurs

Durant la *deuxième* nuit après son *arrestation*, Julienne ne réussit *toujours* pas à dormir, *ses* pensées, *toutes* concentrées sur les *terribles* événements de *veille*, ne lui laissent pas une seule *seconde* de répit. Et si elle *doit* rester en prison toute sa *vie*? et si elle ne *peut* plus danser? elle en mourra. C'est *là* l'unique *certitude* qu'elle possède. Les *mots* que son avocat lui a dits pour la *consoler* ne lui sont d'*aucun* réconfort. Elle ne croit pas que tout *puisse* se *résoudre* comme il le pense. À chaque instant, elle revoit tout *ce* qui *s'est* passé. "C'est trop bête, *juste* au moment où j'étais sur le *point* de tout gagner!"

Entre les lignes

4; 1; 2; 5; 3

Julienne est désespérée dans sa cellule. *Cependant* le Commissaire Morand n'arrive pas à croire qu'il a déjà trouvé la solution. *Tout à coup*, il est réveillé par la Fugue de Bach. Cela le trouble. *Mais d'abord*, le Commissaire demande à l'inspecteur Villard de chercher les propriétaires de Bugatti rouges. *Alors*, l'inspecteur découvre qu'il y a deux Bugatti rouges à Genève: celle de l'avocat et celle de Boris.

S.O.S. grammaire

1

je crois que vous…; je suis convaincu qu'il y a…; vous pensez que…; Moi je crois…; je suis certain que…

2

Elle ne croit pas que tout puisse se résoudre comme il le pense.

3

1,3,4; 1,3

4

L'inspecteur Villard pensait que Julienne ne pourrait plus mentir car il croyait qu'elle était perdue: les preuves contre elle étaient écrasantes. Même s'il n'était pas tout à fait convaincu qu'il y ait un rapport entre la musique qui obsédait le commissaire et cette étrange affaire, il était certain que Julienne, cette nuit-là, avait tué sa rivale. Pourtant, il estimait qu'il ne serait pas très facile de prouver sa culpabilité car il croyait que la danseuse était très habile, qu'elle savait bien cacher son jeu et qu'elle ferait tout ce qu'elle pourrait pour faire inculper quelqu'un d'autre, parce que sa carrière était si importante à ses yeux. Il pensait que le commissaire avait tort de s'inquiéter car il croyait que les méchants sont toujours punis.

Des mots, toujours des mots

1

Ne vous croisez pas les bras pour les mots croisés

	1	2	3	4	5	6	7	8
A	B	U	G	A	T	T	I	–
B	U	S	A	–	R	O	–	A
C	T	E	R	M	I	N	E	R
D	–	S	A	–	E	–	N	R
E	–	–	G	–	–	V	–	I
F	V	I	E	N	N	E	–	V
G	–	L	–	I	–	N	U	E
H	R	E	G	A	R	D	E	R

2

1. a été relachée
2. bien
3. innocente
4. ne...pas assez
5. ignore
6. rien
7. intelligente
8. tard

Chapitre 5 L'ETRANGE OBSESSION DE LA FUGUE DE BACH

En route les baladeurs

Après *la traversée*, le bateau à moteur s'arrête *brusquement* et Morand descend. Il est encore tout retourné par le roulis, bien sûr, il est né à Genève et il s'est habitué à traverser le lac, pourtant, il est certain que *jamais* il ne parviendra à *dominer* son mal de mer, chaque fois, c'est l'enfer!
Encore tout pâle, il *sonne* à la villa de l'avocat. Un majordome en livrée lui ouvre, il *le fait* entrer et *lui demande* de bien vouloir patienter dans le petit *salon* en attendant qu'il annonce sa visite. Morand n'en revient pas, s'il s'agit là du petit salon, que doivent être les autres? Incroyable, sur les murs des *tableaux* de Tintoretto, de Longhi, il croit même reconnaître *une toile* de Picasso. Il essaie de s'approcher *de plus près* pour constater effectivement si la signature de Picasso se trouve au bas du tableau, quand une sirène déchirante se met à *retentir* dans toute la villa.

Entre les lignes

Réponses possibles.
- Il est allé au domicile de Maître Schneider.
- Il vient pour l'interroger.
- Le majordome fait entrer le commissaire.
- Il lui demande d'attendre dans le petit salon.
- Maître Schneider arrive.
- Il lui dit: "Vous venez de faire connaissance avec mon système d'alarme."
- Le commissaire s'excuse.
- Il a oublié son carnet de notes.
- Il retourne chez l'avocat pour le chercher.
- Il entend la fameuse fugue de Bach.

S.O.S. grammaire

1

PRONOMS PERSONNELS

sujet	complément d'objet direct	complément d'objet indirect
il est obligatoire	*le* convoquer	*lui* ouvre
Il est retourné	ne *vous* excusez pas	*lui* demande
il est habitué	*l'*oublient…	on *lui* ouvre
il est certain	*la* garder	
il sonne	*me* demander	
il le fait entrer	*vous* décevoir	
il annonce	je *m'*étais rendu	
il s'agit	*le* prouve	
il croit	je *vous* en prie	
Il essaie	il *l'*a laissé	
vous venez de faire…	*le* nargue	
vous ne pouviez pas…		
Il suffit de…		
*j'*ai l'habitude		
vous savez		
on a		
on tient		
dois-*je*		
vous possédez		
vous allez		
*j'*avais		
je m'étais rendu		
je vous laisserai		
Je suis arrivé		
je demande		

sujet

je doute
puis-*je*
vous êtes
Vous avez
Je vous en prie.
il se confond
il est sorti
il a
Il se souvient
il l'a laissé
on lui ouvre
il entend
il reconnaît

2

Le commissaire Morand mène l'enquête. Il a fait arrêter Julienne Von Bretch et il *l'*a inculp*ée* d'avoir assassiné Irène Pavlovich. Il *l'*a interrog*ée* mais il n'a pu *lui* faire dire la vérité. Après l'arrivée de son avocat, Maître Schneider, Julienne a voulu faire une déclaration au commissaire Morand, elle *lui* a révélé qu'elle était bien chez Irène le soir du meurtre et qu'elles se sont disputées, mais que lorsqu'elle *l'*a quitt*ée*, *elle* était bien vivante.

3

la; lui, la; me; t'; m', lui; te; la, l'; me; me, les; les.

Des mots, toujours des mots

1

étaler: étalage, étal, étalagiste, étalager, étalement
arrêter: arrestation, arrêt, arrêté
visiter: visite, visiteur(euse), visitation
signer: signature, signataire, signe, signal, signaler, signalisation, signet
constater: constatation, constat
oublier: oubli, oubliette, oublieux(se)
arriver: arrivée, arrivage, arrivisme, arriviste
accuser: accusation, accusé(e), accusatif, accusatoire
Réponses diverses.

2

b; a; b; a; c; c; a

3

preuves; prouvé; éprouvait; preuves; prouver; éprouva; preuves; prouvait.

Chapitre 6 RIEN NE VA PLUS!

En route les baladeurs

ennuyé; inopportune; sèchement; il ne pourra; maintenant; essaie de; se dégage d'un violent coup; Mais; outré.

Entre les lignes

3; 1; 2; 2; 1; 1; 2; 3.

S.O.S. grammaire

1

QUE relatif
qu'il a aperçues sur le guéridon
qu'il l'accueille

QUE conjonction
que je veux le voir maintenant
qu'il sent la transpiration
que son pardessus est froissé
que sa barbe pique
que je vous ai à l'œil
qu'il s'est fait piéger
que Boris joue et perde
que ses dettes s'élèvent à...
qu'il ne veuille pas se défaire...

2

Il semble que Boris *perde* beaucoup, qu'il ne *veuille* pas se défaire de sa Bugatti, unique objet auquel il *tienne* vraiment.

Tes parents veulent que tu étudies durant tout l'après-midi.
Les professeurs veulent qu'ils apprennent toutes leurs leçons.
Evelyne veut que Jacques sorte avec elle.
David et Michèle veulent que leurs enfants soient bien élevés.
Cet écrivain voudrait que son roman devienne un best-seller.
Ton père exige que tu ne prennes pas la voiture ce soir.
Sa mère exige qu'il ne regarde pas la télé au lieu de faire ses devoirs.
Les journalistes veulent que le directeur de l'usine leur accorde une interview.

3

s'en aperçoive; ne puissent; soit; devienne, soient; ne se rende pas compte; deviennent; sont.

Des mots, toujours des mots

1

Description physique:
le commissaire: son pardessus est complètement froissé; il n'est pas bien mis.
l'avocat: porte une robe de chambre de soie.

Comportement:
l'avocat: il a un sourire narquois; il est nonchalant et décontracté.
le commissaire: il est en sueur, défait; il bredouille.

Style:
superlatifs: absolument; les parfums *les plus subtils* et *les plus raffinés*; *le plus calmement* du monde; *le plus idiot* du monde.
Les adverbes et superlatifs accentuent les différences entre les deux protagonistes.

répétitions: cette musique... cette musique: embarras, manque d'assurance du commissaire.
Tout ce raffinement, *toute* cette élégance, *toute* cette noblesse...rajoute à l'embarras du commissaire qui ne sent pas à sa place dans ce milieu.

Chassez l'intrus

2

appartement: c'est une partie d'une maison (Les autres mots sont des genres de maisons.)
fuite: le seul mot qui n'appartient pas au monde de la musique
eau-de-vie: liquide alcoolique consommable (Les autres mots appartiennent au monde des parfums.)
déjouer: la victime fait échouer les plans (Les autres mots ont tous l'élément de tromperie et de tricherie contre une innocente victime.)

Homographes et homophones

3

demeure: une maison, une résidence
 le verbe demeurer (Il demeure longtemps chez lui.)
vers: la direction où l'on va (Je vais vers la mer.)
 une ligne de poème (une poésie en vers)
chambre: une pièce
 le verbe chambrer (On chambre un vin rouge.)

ton: adjectif possessif (Ton pantalon est rouge.)
  la forme, la manière (le ton d'une conversation)
pique: une arme; aux cartes, une des quatre couleurs (la dame de pique)
  le verbe piquer (La Belle au Bois dormant se pique avec son aiguille.)
joue: une partie du visage (Elle a les joues rouges.)
  le verbe jouer (Il joue du piano.)
grâce: douceur, gentillesse (Elle a beaucoup de grâce.)
  prière de remerciement après le repas (dire les grâces)
  faveur (Il lui a fait une grâce.)
pas: élément de négation (je n'en veux pas.)
  façon de marcher (Il avance à pas lents.)
son: adjectif possessif (son manteau)
  bruit émi par quelque chose (le son des cloches)

Chapitre 7   UNE VOIE SANS ISSUE

En route les baladeurs

qui tente; s'élance; physique; bières; permet; Alors; point; aperçoit; ruelles; dos; s'approche; met; l'épaule; ce; fuir; des; sueur; respirer.

Entre les lignes

1

Réponses diverses.

2

1. faux
2. vrai
3. vrai
4. vrai
5. vrai
6. faux
7. faux

3

Réponses diverses.

S.O.S. grammaire

1

On ne publie pas les affaires de l'avocat de Julienne.
On ne connaît pas le mobile concernant le meurtre d'Irène.
On a fait certaines révélations sur cette affaire.
On n'a pas retrouvé les véritables preuves.
On a envoyé un bouquet de roses à Julienne dans sa loge.

On a donné des indications très importantes concernant ce meurtre.
On a entendu la musique de la Fugue de Bach dans la chapelle.
On a retrouvé des cheveux appartenant à Julienne sous les ongles d'Irène.
On a réveillé le commissaire Morand en pleine nuit pour élucider cette affaire.

2

Personne n'est arrivé à l'heure au lieu de rendez-vous.
Elle a rencontré toutes ses amies.
Jacob n'a suivi aucun cours de la 3e année de médecine.
Madeleine n'a rien vu, rien entendu, rien appris!
Bob ne veut rien savoir sur cette étrange aventure.
Ils n'ont assimilé aucune donnée sur l'énergie nucléaire.
Tout le monde m'a raconté que Gisèle était tombée amoureuse de Julien.
Rien ne me dit que je suis en train de me tromper.

3

tous; toute; Tous; tout; toutes; Tout; Toutes; tout; toutes; toutes; tous; toutes; tout.

Des mots, toujours des mots

1

	1	2	3	4	5	6	7	8
A	S	O	U	V	E	N	T	–
B	E	N	T	A	M	E	E	–
C	N	–	I	L	–	E	S	T
D	S	A	L	I	E	S	–	U
E	I	–	I	S	–	–	N	E
F	B	–	S	E	U	L	–	E
G	L	I	E	–	S	–	A	S
H	E	T	E	–	A	H	–	–

2

1. rue-elle = ruelle
2. ré-pondre = répondre
3. cou-loir = couloir
4. glas-ses = glacé
5. veau-lent = volant

3

1. signer
2. louche
3. solution
4. coma
5. conseil

Chapitre 8   LES AFFAIRES SE CORSENT

En route les baladeurs

Drin... Drin...Drin. "Qui *cela* peut bien être?" se demande Morand.
– Allô, *oui*! qui est à l'appareil?
– *Monsieur le* Commissaire...
– Et bien *qu'est-ce qu'il y a* Villard?
– Boris, le danseur...
– Et bien quoi? Parlez, *nom de Dieu*!
– Il vient de *mourir à l'instant*, on m'a téléphoné *de* l'hôpital, on l'a *tué*: une overdose!
– Comment ça une overdose! fait Morand terriblement en colère.
– Et bien oui, on lui a injecté de la drogue *pure*.
– Mais enfin, Dussolier *n*'était pas *là*? il *ne* surveillait pas la porte comme je *lui* avais demandé? qu'est-ce qu'il faisait?
– Dussolier a eu...*enfin* il s'est...
– Parlez, qu'est-ce qu'il a fait Dussolier, il s'est endormi?
– Et, bien oui, chef, *ça* faisait deux *nuits* qu'il ne dormait pas, avec sa femme à la clinique, vous savez qu'ils ont *enfin* eu un petit garçon...

Entre les lignes

1

a. Boris meurt à l'hôpital.
b. Le commissaire est furieux. Il est torturé par l'idée que quelqu'un a assassiné Boris.

2

a. Le commissaire est en colère parce que ses subordonnés ne le secondent (l'épaulent) pas suffisament.
b. Non, d'abord ses recherches sont vaines.
c. Il est de moins en moins facile de trouver la solution aux crimes commis.

d. Julienne est en prison et ne peut donc être impliquée dans le meurtre de Boris.
e. Réponses diverses.
f. Le commissaire trouve un mégot de cigarette.

S.O.S. grammaire

1

Verbes toujours impersonnels	Verbes à la fois impersonnels et personnels
Il faut	Il y a (avoir)
Il semble	Ce n'est pas... (être)
	Il s'agit

2

1. avait, a eu
2. fallait, a fallu
3. s'agissait; fallait
4. semblait, a semblé

5. était, a été
6. avait, a eu
7. existait, a existé
8. fallait, a fallu

3

1. ameniez
2. ne soient pas, convainque
3. sachent
4. viennes
5. aillent

6. devienne
7. ne parviennent pas
8. envoyiez
9. apprennent, retiennent
10. compreniez, ayez

Des mots, toujours des mots

1

1. personne + sonner
2. endormir + miracle
3. cauchemar + marché
4. recherche + cheminée

5. idée + décision
6. marquer + question
7. mégot + gaucher

2

1. b
2. c
3. b
4. a

5. a
6. c
7. a
8. c

Chapitre 9   JULIENNE, DIT-ELLE LA VERITE?

En route les baladeurs

fait; j'ai compris; est abasourdi; automate; le pas enfin; fusée; pour aller où; pas moyen; n'en a pas envie; contente; sirène de l'auto.

Entre les lignes

1

1. son avocat n'est pas là.
2. innocence.
3. de Boris.
4. Julienne voulait qu'Irène cesse de sortir avec Boris.

5. devient livide et commence à trembler.
6. lui ment.

2
1. troublée; ne s'attendait pas à la visite du commissaire
2. de façon arrogante; vexée
3. interdite; obéissante; n'a pas le choix
4. imprudente
5. sure d'elle
6. implorant, convaincant
7. atteinte en plein fouet

S.O.S. grammaire

1

Participes passés accordés

cette apparition l'a *troublée*
vous m'avez *interrogée*
ce n'est pas moi qui l'ai *tuée*
cette voiture que vous avez *vue*
je l'ai *lu*
on ne l'aurait pas *supprimé*

Participes passés sans accord

j'ai *compris*
ai-je *dit*
j'ai *vu*
elle a *parlé*
je ne vous l'avait pas *dit*
vous aviez *oublié*
je lui ai *demandé*
ne m'en avez-vous pas *parlé*
qui aurait *pu*
il avait *deviné*
il avait *découvert*
il avait *vu*

2

1. Julienne jure qu'elle ne l'a pas tuée.
2. Le commissaire l'a interrogée dans sa cellule.
3. Le commissaire ne les avait pas vus parce qu'il était resté chez lui.
4. Le commissaire les avait oubliés...
5. Si l'apparition du commissaire ne l'avait pas troublée...

6. Elle les avait prononcés.
7. Ils les avaient entendues.
8. Le commissaire les avait lus mais il ne les avait pas compris.
9. Il les avait découvertes quand il était arrivé à son bureau.
10. Boris l'a peut-être supprimée.

3

1. Voici les cadavres que Boris avait découverts dans la forêt.
2. Ce sont les indices que l'avocat avait cachés dans son armoire.
3. C'est la version que le commissaire avait entendue dans le parloir.
4. Voici la jeune fille que ce monstre avait assassinée dans sa chambre.
5. Voici les faits que le journaliste avait signalés dans *Le Monde*.
6. Ce sont les billets qu'Irène avait écrits sur des feuilles de papier.
7. Voici les mots que Julienne avait prononcés.
8. Voici la voiture que Julienne a vue dans la rue.
9. Voici la déclaration que Julienne a faite au commissaire.

Des mots, toujours des mots

1

troubler: trouble
hésiter: hésitation
se disputer: dispute
signaler: signal, signalisation, signe, signalement
accuser: accusation, accusé(e)
expliquer: explication
attendre: attente
assassiner: assassin, assassinat
témoigner: témoin, témoignage

Assassinat; assassinat; explications; témoignage; hésitation; attente; dispute; assassinat; signalement; trouble; accusation.

2

1. Julienne aimait Boris.
2. L'- avocat - haie - étrange: L'avocat est étrange.
3. Boris a été assassiné.

Chapitre 10   LA VERITE ECLATE

En route les baladeurs

quoi; cela; Maître; mon; s'arrangerait; tirerait; deviendrais; étoile; partenaire; l'; dû; croire; d'abord; fou; respecté; aidé; prison; échange; vraiment; ait; Il; nobles; partie.

Entre les lignes

1

Enquête et voyance

Réponses diverses.

2

Les réactions de Julienne

1. naïve, confiante
2. l'incrédulité, la souffrance
3. mal, sur le point de s'évanouir
4. s'écrouler, se briser
5. désespérée
6. désespoir, défaite
7. désespérée

S.O.S. grammaire

1

Discours direct	Discours indirect
Maintenant que Boris est mort...	mon avocat m'avait assuré que...
Ecoutez, je ne suis pas...	il m'a dit que cela marquerait...
	il m'a assuré que tout rentrerait...

2

Le commissaire, intrigué par l'affirmation de Julienne à propos de Maître Schneider demande à celle-ci de continuer parce que cela devient intéressant pour lui. Alors, Julienne déclare que son avocat l'avait assurée que tout s'arrangerait, qu'il la tirerait d'affaire, qu'elle deviendrait la plus grande danseuse étoile et que Boris serait son partenaire. Le commissaire, de plus en plus surpris, lui demande si elle l'a cru. Elle s'étonne et demande au commissaire pourquoi elle n'aurait pas dû le croire. Le commissaire lui explique que tout d'abord parce qu'il était amoureux fou d'elle. Elle lui répond que bien que ce soit vrai, il a toujours respecté son choix, qu'il a aidé Boris lorsque ce dernier était en prison et qu'il n'a rien voulu en échange. Alors le commissaire lui a demandé si elle le croyait vraiment, si elle croyait que l'avocat ait pu aider Boris par amour pour elle. Elle a répondu qu'il existe des personnes qui sont nobles et savent donner, et que Maître Schneider faisait partie de celles-là.

3

1. était impliqué
2. cachait
3. défendrait
4. tirerait
5. avait assassiné
6. était parti
7. s'agissait
8. est, joue
9. disait

Des mots, toujours des mots

1

Que veut dire...?

1. a
2. c
3. a
4. a
5. a
6. b
7. a

National Textbook Company
a division of *NTC Publishing Group* • Lincolnwood, Illinois USA

ISBN 0-8442-1112-5